Success15 fifteen

1

サクセス15
January 2013

http://success.waseda-ac.net/

CONTENTS

REGULAR LESSONS

がんばる君たちを応援します。

小1 ～ 中3
受付中！

冬期講習会

12/26（水）～29（土）・1/4（金）～7（月）

※校舎によって日程が異なる場合があります。

まだ間に合う！
受付中!!

冬期講習会で実力アップ！やる気アップ！

毎回の授業でテストを実施！学力の伸びが確認できる！

WINTERWIN!! 2012 3大特典キャンペーン

特典1 お問い合わせ者全員に！

クリアフォルダ プレゼント

12/26までにお問い合わせ頂いた方全員に「クリアフォルダ（2枚組）」をプレゼント致します。

特典2 入塾手続き者全員に！

わせあかぐまペン＆ペンケースセット プレゼント

12/26までに入塾手続きをされた方全員に「わせあかぐまペン（4色のうち1本）」と「ペンケースセット（青またはピンク）」をプレゼント致します。

特典3 入塾手続き者全員に！

入塾金を10,500円減額！ 減額

通常入塾金が21,000円のコース ▶ **10,500円に！**

通常入塾金が10,500円のコース ▶ **無料に！**

12/26までに入塾手続きをされた方を対象に入塾金を10,500円減額致します。

最寄りの早稲田アカデミー各校舎または本部教務部 03(5954)1731まで。

早稲田アカデミー 検索 http://www.waseda-ac.co.jp

高校受験のスタートは

現小6対象 中1準備講座

もうすぐ中学生になる君たちへ

中学に入学して初めて習う「英語」と「数学」。早稲田アカデミーの中1準備講座では中1の1学期の内容を先取りします。英語も数学も最初が大切！ここでしっかり勉強しておけば中学での勉強がスムーズに進みます。私立中学に進むにも、公立中学に進むにも、この講座でしっかり学習し、自信をもって中学校生活をスタートしましょう。

準備だけでは終わらない！
★レベル別先取り学習カリキュラム

その日のうちに弱点補強！
★毎回のフォローアッププリント

「わかる」と「できる」を実感
★授業ごとに到達チェックテスト

はじめての塾通いでも安心
★キャッチアップ授業を毎月実施

競えるから伸びる！
★やる気が出る習熟度別クラス

勉強が楽しくなる！
★興味を引き出す授業

勉強のやり方がわかる
★学習オリエンテーション

成果が上がる家庭学習管理
★宿題チェック＆プレゼント！

早稲田アカデミー
イメージキャラクター
伊藤萌々香（Fairies）

中1準備講座実施要項

日程
第1ターム…2/7(木)、12(火)、14(木)、19(火)、21(木)、26(火)
第2ターム…2/28(木)、3/5(火)、7(木)、12(火)、14(木)、19(火)
※校舎により授業実施日・時間帯等が異なる場合があります。
※詳しくは最寄りの早稲田アカデミー各校にお問い合わせください。

時間
東京・神奈川／ 17：00 ～ 18：40
埼玉・千葉・高島平校・羽村校・東大和市校・つくば校／ 17：10 ～ 18：50

費用
各ターム：(2科) 9,000円／
(単科) 5,000円

中1準備講座の**授業料**が**半額**に※!!
※12月または1月まで小6基本コースに在籍し、中1準備講座のお申し込みと同時あるいは、事前に4月以降の中1基本コースのお申し込みをされた方対象。

現小6対象 新中1学力診断テスト 無料

中学校へ入学する前に 実力と弱点を把握しよう！

算数・数学・国語・英語・理科・社会を総合的に診断します。

3/20(祝)
会場 早稲田アカデミー各校舎（WACを除く）
時間 10:00～12:40

詳しい成績帳票で個別の学習カウンセリングを実施。成績優秀者にはプレゼントも！

同時開催 保護者対象
新 中1 ガイダンス
高校受験へ向けまず知って頂きたいことがあります。
無料 3/20(祝)

※お申し込み・お問い合わせは、お近くの早稲田アカデミー各校舎までお気軽にどうぞ。

偏差値70以上が必要とされる
開成 国立附属 早慶高 に
進学した生徒の中1当時の
偏差値は4割以上が
40台～50台でした。

開成・国立・早慶高

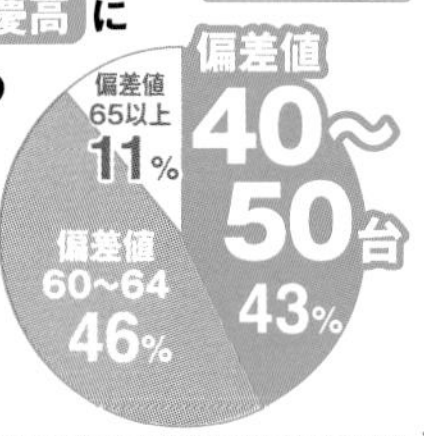

中1・5月までに入塾し、2012年入試で開成・国立附属・早慶附属高に進学した生徒の中1の時の偏差値分布

偏差値65以上が必要とされる（開成・国立・早慶高を除く）
難関私立 都県立難関校 に
進学した生徒の中1当時の
偏差値は77%が
40台～50台でした。

偏差値65以上の（開成・国立・早慶高除く）難関私立・都県立トップ校

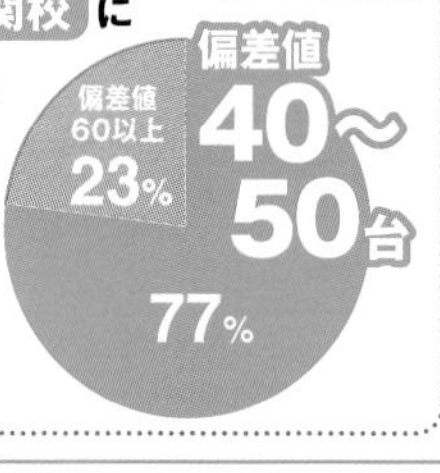

中1・5月までに入塾し、2012年入試で開成・国立附属・早慶附属高を除く偏差値65以上の難関校に進学した生徒の中1の時の偏差値分布

早稲田アカデミー城北ブロック統括責任者兼池袋本部校校長の登木隆司先生は、日比谷と西の自校作成問題について話されました

「大学入試を取り巻く環境と高校入試」というテーマで話す早稲田アカデミー教務部中学課長　酒井和寿先生

たくさんの保護者の方々が、熱心に耳を傾けていらっしゃいました

都立高校入試の共通問題について解説された、早稲田アカデミー特化ブロック統括責任者兼ＥｘｉＶ西日暮里校校長の宇津城靖人先生

早稲田アカデミー主催

秋フェス

秋の学校・教育フェスティバル

中2保護者対象
難関都立高校受験セミナー

難関都立高校受験セミナー開催

毎年9月下旬から11月上旬にかけて早稲田アカデミーが主催している「早稲田アカ秋フェス～秋の学校・教育フェスティバル～」。その一環として、中学2年生のお子様をお持ちの保護者の方々を対象とした「難関都立高校受験セミナー」が、11月7日に開催されました。

年々高まる都立高校人気を受けてでしょうか、たくさんの保護者の方々が来場されていました。

講演を担当したのは、開成高校や慶應女子高校、筑波大学附属駒場高校をはじめとする難関高校入試に長年携わってきた、早稲田アカデミーの先生方3名。その中には「楽しみｍａｔｈ数学！ＤＸ」の登木先生や、「受験よもやま話」の宇津城先生もいました。

調査書点と5科総合力の2つが求められるのが〝難関〟都立高校入試です。両方とも一朝一夕には伸ばせないからこそ、中学2年生の冬から意識して取り組むことの重要性を知ってもらいたいという思いが込められた今回のセミナー。三者三様の切り口で話された都立高校入試対策のお話に、保護者のみなさまは熱心にメモをとられていました。

「今からでも間に合う」、「今からなら間に合う」、その〝今〟に当たるのが中学2年生の冬です。お子様が「まだ早い」とか、「もう遅い」などと思うことなく、自分が行きたい学校に向けてがんばるためには、ご家族の応援が欠かせません。早稲田アカデミーでは今後も様々なイベントを予定しているようです。みなさまも機会がございましたら参加されてみてはいかがでしょうか。

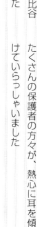

The University of Tokyo

Vol.023

text by Tommy

東大への近道

なにかと忙しい年末年始 モチベーションの保ち方

こんにちは。寒さが厳しくなるにつれて、少しずつ受験が近づいてくることを感じますね。心理学の実験によると、人は寒い季節ほどネガティブになりがちだそうです。こんなときこそポジティブシンキングで毎日明るく過ごしましょう。

受験生に限らず、年末年始が近づくと、どうしても勉強のモチベーションが下がってしまう人が多く見られます。おそらく、クリスマスやお正月というイベントで予定が崩れて、普段の勉強リズムが保てないのでしょう。

しかし、これはとてももったいないことです。なぜなら、新学年のころに比べてみなさんの勉強効率が格段に高まっているため、1日1日の重みが大きくなっているからです。

くしくも最近、「東大生はモチベーションを保つのが得意だ」という記事を読みました。そこで今日は、モチベーションを保って、年末年始を有意義に過ごす方法についてお話しします。

第1に、「予定の分類」です。いくら受験生といっても、毎日24時間を自由に勉強に使える訳ではないでしょう。

まず、スケジュール帳に絶対に動かせない予定（学校行事、旅行、初詣など）を書きこみます。こういうときは、塾のように定期的な予定があるとペースを保つことができるのでありがたいですね。

次に、いつかわからないけれども時間をとられる予定（遊びの予定、やりたいことなど）を枠の外に書きます。いっさい遊ぶ時間を作らず勉強するというのは非現実的なので、これらも計画のうちに入れるべきでしょう。ポイントは大体何時間、何日くらいかかるものなのかを書きこむことです。

これらを書きこんだらいよいよ本番です。スケジュールの空いているところに、「動かさない予定」として勉強を書き入れていきます。「○月○日は○時間数学をする」という形で先にスケジュールを押さえてしまいます。

ポイントは、時間をとられる予定の分の時間を見越して、勉強の予定を詰めすぎないことです。これによって、事前に決めた計画だけは毎日達成しようという気持ちが生まれ、だらける自分を引き締めることができます。

第2の方法は、「はみ出し削り法」です。

どんな方法かというと、始めに教科ごとにこの冬全体で何時間勉強するのかを決めてしまいます。そして、毎朝予定を決めるときにはそれぞれの時間数を達成できるように割り振るという方法です。

こうすることで、急な予定が入っても別の日に簡単に取り返せますし、つねに各教科のバランスを考えながら勉強することができます。

最後は、「これをすれば絶対に勉強へ向かう気持ちになる」という行動を作ることです。

気持ちが弱くなったりだらけたときに、私は友人からもらった合格祈念鉛筆や、これまでのノートを見直すことで再び頑張ろうという気持ちになりました。机を片付ける、ランニングするなどなんでもいいので、自分をコントロールできる行動をあらかじめ身につけておきましょう。

なにはともあれ、1年を締めくくり、新たなスタートダッシュをかける季節です。

Merry Christmas and a happy New Year!

▶▶▶ 自己管理をして気を引き締めよう

冬休みにやろう！
過去問活用術

志望校の過去出題問題・通称「過去問」。受験生のみんなはもう手に入れているかな。早い人はすでに取り組んでいると思うけれど、どうやれば効果的に進められるのかわからなくて、まだあまり手をつけていないという人もいるんじゃないかな。過去問は受験勉強の総まとめとして欠かせないもの。今回の特集を読んで過去問活用術を身につけよう！

過去問って、時間かかるし大変で、じつはまだあんまりやってないんだ…冬休みは頑張るぞ！
受験勉強は進んでるけど、もっと演習力をつけたい…過去問をうまく使って実力を伸ばせるかな？

門《もん》太《た》くん
中学3年生の男の子。
得意科目は理科。
ケアレスミスが多いのが悩み。

佳《か》子《こ》ちゃん
中学3年生の女の子。
几帳面な性格で受験勉強もバッチリ。
得意科目は英語。

佳子ちゃん　いよいよ冬休みが近づいて来たね。受験勉強もラストスパートって感じだけど、門太くんは過去問にはどれくらい取り組んでいるの？

門太くん　あんまりできてないんだ…。そもそも過去問ってどうしてやらなくちゃいけないのかな？

佳子ちゃん　まず、入試問題は、中学の3年間に学んだ内容が分野や単元の枠を超えて総合的に出題されるでしょ。だから、これまで勉強してきたことの総復習になるの。

門太くん　そっかぁ。でもそれならどの学校の問題でもいいんじゃない？　受験する学校を全部やる必要ってあるのかな？

佳子ちゃん　過去問に取り組むべきもう1つの理由に、各学校や公立なら都道府県ごとの出題傾向を知るということがあげられるのよ。入試問題って、範囲は同じだけど出題形式にはそれぞれ特徴があるの。例えば、国語で記述式の問題を多く出題する学校もあれば、数学で毎年必ず証明問題を出す学校もあるというふうにね。その傾向を知ったうえで入試を受けるのと、試験本番で初めてその学校の入試問題を見て戸惑うのとでは結果も大きく違ってくるから、第1志望校だけじゃなくて受験する学校は全部やってみる方がいいのよ。

門太くん　なるほど！　さっそく今日から毎日やることにするよ！

佳子ちゃん　頑張ろうね！　あと、過去問を解くときには実際の試験時間と同じように時間を計って取り組むことが大切だよ。試験のときの時間配分やペース配分のやり方を身体で覚えることができるからね。

門太くん　そうなのかぁ！　でも、何年分やればいいのかな？　やる順番は？　ペース配分のコツは？　採点って自分でやるの？　復習方法は？

佳子ちゃん　ちょっと門太くん！　そんなに一気に質問しても答えられないよ！　次のページから過去問に取り組むときのポイントをまとめるから、それを読んでいっしょに確認しようね。

ポイント1 過去問 気になるアレコレ

過去問に取り組む前に知っておきたいことをお知らせするよ

過去問の入手方法は?

過去問は問題集として書店で販売されている。学校別になっている場合がほとんどなので、自分が受験する学校を探して購入してみよう。

公立校のものも、都道府県別になっていたり、東京都の進学指導重点校など独自問題を出題しているところは学校別に出版されているよ。

冊子形状になっているものや、プリントのように問題が綴じられておらずバラバラになる形のものがあるけれど、どちらでもいいので自分の使いやすい方を選べばOKだよ。

私立校で過去問が出版されていない学校は、各学校の窓口で配付されている場合があるんだ。ただし、その場合は販売されている過去問と違って、解答や解説がついていないこともあるので注意しよう。

何年分解けばいいの?

5年分はやっておきたい。とくに第1志望の学校は必ず5年分やろう。

第2志望以下の併願校も5年分できれば十分だけど、もしできない場合には3年分やることを目標にしよう。併願校をたくさん受ける人で「3年分もやる時間がない!」という人は、昨年度の1年分だけでもいいよ。大切なのは試験までに過去問に取り組んで各校の出題傾向をつかむことにあるからね。過去問を1度もやらないまま入試当日を迎えることのないようにしよう。

試験科目は3～5科目あるから、5年分となると結構時間がかかりそう。だからまとまった時間が使いやすい冬休みに取り組むといいのね。

どの年度の問題からやればいいの?

5年分やるとしても、5年前の問題から解くの? それとも新しいものから古い方へ? と悩んでしまう人もいるかもね。取り組む順番はあまり気にしなくていいんだ。でも、一番最近の傾向を掴むことができるし、総まとめとしても活用できるので、一番新しい昨年度の問題は最後にやるといいよ。

それならぼくは2年前の問題から過去のものに遡って、一番最後に昨年度の問題に取り組もうかな!

過去問の採点ってどうやるの?

過去問は別添の解答を見て自己採点するんだ。自己採点のコツについては12ページで詳しく紹介しているから見ておいてね。

気をつけたいのは、ケアレスミスで失点した解答を「うっかりしていただけで、ほんとはわかってるもん」と○を付けたりしないようにすること。自分に厳しく採点して、きちんと復習することが大事なんだ。

何点取れたら合格?

取り組んだ年度の合格最低点を見てみよう。その点数に届いていたら合格の見込みがあるわけだ。合格最低点・合格者平均点・受験者平均点といったデータは、公表されている学校と公表されていない学校がある。

データが公表されている学校は、市販の過去問に掲載されているよ。学校や年度によって多少差はあるけれど、6～7割得点できれば合格最低点に届くという学校が多いので、目安にしてね。

ポイント2 過去問のコツ こうやって取り組もう

こうすればさらに効果UP！　過去問をやる際に気をつけることとは…

1 時間を正確に計ろう！

最初は時間内に全然終わらなかったけど、何度かやるうちにペース配分できるようになってきたよ！

過去問を解くときはどこまで実際の試験のように取り組めるかが大事なんだ。ただ問題を解くだけでは普通の問題集をやっているのと変わらないよね。やるときは、本当の試験のような気持ちで取り組むように心がけよう。

まずは、実際の試験時間と同じ時間で解いてみることがポイントだよ。ストップウォッチやタイマーなどを利用して、きちんと時間を計ってみて。試験会場に持ち込む予定の腕時計を使ってみるのもいいね。試験中のペース配分に慣れることもできるから、本番でも慌てずに取り組めるようになるよ。

2 始めたら最後までやりきろう！

試験時間が50分だとしたら、50分間は集中！　実際の試験でも休憩時間は教科と教科の間だけだから、それと同じように、過去問をやるときも同じ条件にするべし。１つの試験中に休憩を入れたりするのはNG、始めたら最後まで一気に頑張ろう。

もちろん、音楽を聴きながらとか、テレビを見ながら、おやつを食べながらといったこともやめようね。自分の勉強部屋だとしても、なるべく試験会場に近い雰囲気と条件のなかで演習するということが大切なんだ。

時間をちゃんと計って、最後まで諦めない。簡単なことだけど、やるとやらないとではきっと大きく差が出るよね。

NG！

×途中で休憩を挟む

30分やって、休憩してから残り20分をやる、というふうに本当の試験にはないような休憩を入れるのはダメ。時間を計っていても意味がないよ。

×～しながら

人によっては音楽を聴きながら勉強するとはかどるという場合もあるかもしれないけれど、試験会場では聞けないよね。過去問をやるときはやめよう。そのほかの「～しながら」もダメだよ。

3 難しくても、諦めない！

何問か解いてみて、難しくて歯が立たない…。そんなときでも諦めないで制限時間の最後まで取り組もう。たとえ点数が悪くても、なぜそうした結果になったのかをあとで分析することが大切なんだ。それに、本番でもそんな問題に直面することはあるかもしれない。過去問で諦めない心を育もう。

NG！

×途中でやめる

「できない！」と思ってそこでやめてしまうのはダメ。投げ出してしまうと、あとでその学校の問題に取り組む気がなくなってしまうことも多いんだ。

4 きちんと採点して、復習しよう！

解き終わったからといっても、気を抜いてはダメ。過去問はやるだけで終わりじゃないよ。自己採点をして、間違えた部分の復習をすることでさらなる実力アップにつながるんだ。

採点や復習方法のポイントは12ページにまとめたから、そっちもチェックしてみてね。

科目ごとのポイントをチェックしよう！

国語

長文問題を読み進める速度には気を使うべし。また、読み進めることばかりに気が向いてしまい、字面を追うだけで中身を理解していないということも起こるので、スピードと理解度を両立できるように読解することを意識しながら毎回取り組もう。

読み進めるときには、「接続詞をチェックしながら読む」、「繰り返し出てくる言葉に気をつける」など、自分なりの読み方を作っていくのも大事なポイントになってくる。

そして、漢字の読み書きや文法問題、知識問題など、勉強しておけば確実に得点できるところを押さえる力もつけておこう。

数学

まずは解けた問題と解けなかった問題をしっかりと把握するところからスタート。

そして、解けなかった問題については、なぜ解けなかったかをまず考え、わからなければ解答、解説を参考にして解き直し、どうしてこの式や解法を使うのかを復習しておくことが大切だ。ここを疎かにすると、何度やっても解けるようにならないぞ。

また、ケアレスミスについては原因を確認しておこう。計算のときに+、−などの符号を付け間違ったのか、それとも単なる計算ミスなのか。

最後は転記ミスに気をつけること。問題文を読み、計算式を立てるときに、人数や個数を間違えると、解法は正しくても正解にはたどり着かないからだ。

理科・社会

《理科》実験や観察の結果はもちろんだけれど、意外に盲点になるのが実験・観察の際の注意事項や方法の部分だ。志望校の過去問で出てきたときには要注意。また、環境問題に関わる内容の出題も出やすいので、こちらも復習は怠らないようにしよう。

理科における計算問題は、嫌がる人も多いかもしれない。でも、難易度としてはじつはそんなに高くないので、解けなくても解答・解説をしっかり読んで理解するように心がけて。

《社会》社会は歴史・地理・公民のジャンル別に出題があるのが基本。しかし最近はそれぞれが混ざったタイプの問題も増えているので、「これは歴史」などと決めつけないように。

歴史では明治以降の近代がよく出題されるわりに、学校の授業では駆け足になりがちなので、しっかり過去問で対応力をつけておこう。そして、理科と同様に環境に関する問題がよく出題されるので、日頃から関心を持って勉強するようにしてほしい。

英語

得点源の１つとなるリスニングはＣＤ（公立校の過去問集などには付いているものが多い）を何度も聞いて対策しておこう。面倒だと思うかもしれないけれど、じつは難易度はそんなに高くなく、慣れていればできる問題が多いので、きちんとやっておく方がいいんだ。

長文問題については、公立校に比べると私立校の長文には知らない単語が出てくる割合がかなり高くなる。しかし、そこで「わからない！」といって諦めるのではなく、文脈や前後の言葉から意味を推測しながら読み進める力をつけよう。

さらに国語にも言えることだが、記述問題は完全な正解ではなくても部分点をもらえることがあるので、過去問演習のときから嫌がったり避けたりせずに取り組むようにしよう。

ポイント3

きっちり採点　しっかり復習

過去問は解けば終わりじゃない！
自己採点や復習までしっかりこなすことが大切だ。

自己採点のコツ

●自分に厳しく！

過去問演習が終わったら、次は自己採点の時間だ。ここで大切なのは、自分に甘い採点をしないこと。例えば、解答を見たときに「あ、これはケアレスミスだから」と○をつけてしまう人がいる。「わかっていたのに！」と思うと○をつけたくなってしまうよね。

でも、そういった採点の仕方を続けていると、本番でも同じミスをしてしまう可能性が高いので、この時期だからこそ、自分に厳しく採点するようにしよう。そこでオススメなのが、次に紹介する２色採点だ。

NG！

×ケアレスミスに○をつけてしまう。

●２色採点の方法

自己採点をするときに２色のペン（赤・青など）を用意して、赤で解答通りの採点を、青でケアレスミスなどを大目に見た場合の採点をしてみよう。そうすると、いかにケアレスミスが多いのか、それで何点損しているのかが一目瞭然になるよ。

この採点方法を続けていくと、毎回自分のケアレスミスが自覚できるし、そうしたミスが減ればこれだけ点数があがるんだ、という励みにもなるから、ぜひ２色採点を試してみてほしい。

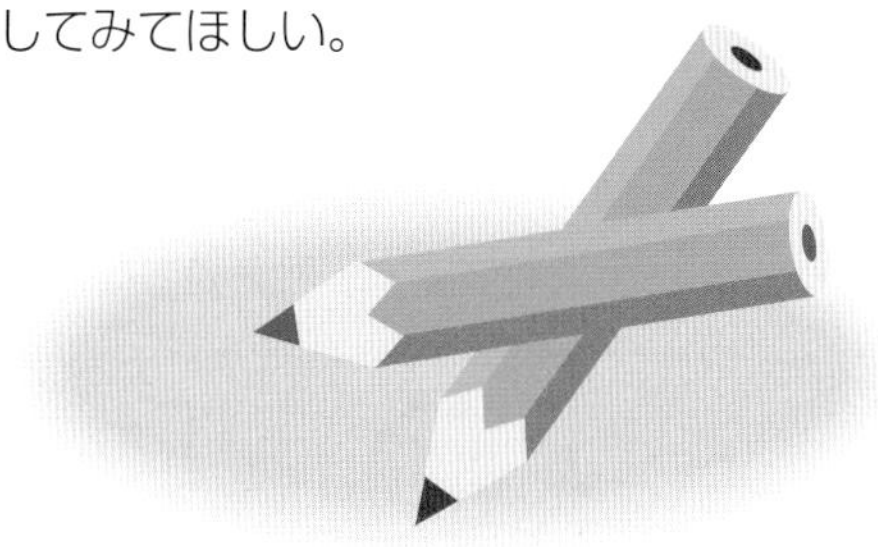

復習のコツ

●解答・解説をきちんと読む

本当は復習もしっかりとできるのが一番だけれど、この時期になると、いくつもの学校の何年分もの過去問を解き、採点し、復習も、というのは時間的に難しいよね。だからといって解きっぱなしもよくない。大切なのは短時間で効果的に復習することなんだ。

まずは解答・解説をきちんと読んで理解する。数学の場合は、その解答・解説のやり方に沿って解き直してみよう。

その次は、間違った理由を分析しよう。ケアレスミスだったのか、知識が足りなかったのか、勘違いだったのか、それともまったく歯が立たない問題だったのか。

こうして短時間でもきちんと間違った理由を分析していけば、「この分野の勉強がまだ足りない」「英語の文法的知識はこのジャンルが弱い」など、的を絞った対策ができるようになるよ。そうすると、同じような問題が出たときに対処できるようになる。分析をせずにただ問題を解いていくだけでは、効果的な学力アップにつなげるのは難しいからね。

復習ノートを作ったり、まとめたりという方法もあるのだけれど、これは作るのに時間がかかるし、なかにはそのノート作りに熱中してしまって、肝心の復習が進まないというパターンもあるので、時間との兼ね合いに要注意だ。

NG！

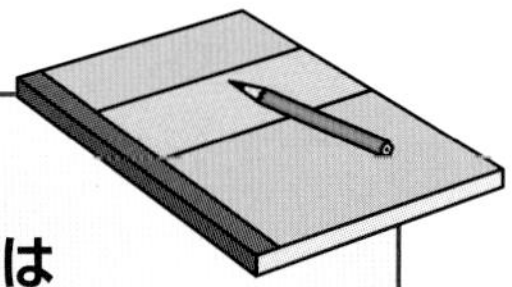

×ノート作りをする場合は時間との兼ね合いを考えて！

ポイント4 過去問演習トラブル対処法

最後は、過去問演習時のトラブル対処法を教えるよ!

? 全科目やる時間がない!

A 時間がなくて全科目まで手が回らない人は、苦手な教科か得意な科目のどちらかだけでもこなすようにしよう。一般的には苦手な科目を解く人が多いようだけれど、「弱点を克服」「長所をさらに伸ばす」のどちらを選ぶかはその人次第だ。大切なのは、できないのに全科目に中途半端に手を出すよりも、時間がないときは割り切る気持ちを持つことだよ。

? 得点に波があるので できているかが判断できない…

A 1つの学校の過去問を3年分、4年分と解いていくと、得点に波が出てきて不安になることがあるよね。これはその年度によって、問題自体の難易度が変わっている結果であることがほとんどで、解くたびに学力があがったり落ちたりしているわけではないんだ。だから得点はあまり気にせずに、それよりも採点や、できなかった問題の分析、復習をしっかりするようにしよう。

? 記述式の自己採点が難しい

A 確かに記述式の自己採点はどう点数化するか迷うよね。まずは解説を読んで、表現は多少違っていてもいいからポイントは抑えているなと思えたら部分点をつけてみる。それでも判断できない場合があると思うので、その場合は点数を半分だけつけておいたり、その部分だけ塾の先生などに見てもらうようにしよう。

? ペース配分のコツを教えて!

A 入試問題に取り組むときのペース配分は過去問演習のときからやって慣れておかないと、本番で急にはできない。まずは問題を1番から解かずに、数学だったら大問が1から6まであるな、など問題構成を把握するところから始めよう。ここにこんな問題があるというのがなんとなくでいいからわかっていれば、途中まで解いたときに「急がないと間に合わない」などの判断ができるようになる。ときには勇気を持って問題を飛ばしてしまうのも大切だ。基本的には国語の漢字読み書き・文法問題、英語の発音問題など独立しているものは先に解くようにしよう。

こういったことを身につけるのも過去問演習の大切な意義の1つだ。

? 歯が立たない問題は どうしたら?

A 過去問演習のときにはバッサリと捨ててしまうことも必要だ。本当は簡単に諦めてはいけないのだけれど、合格のためには100点満点である必要はないし、そういった問題にかかりっきりになった結果、解ける問題をする時間までなくなってしまっては元も子もないからね。その代わりに演習が終わったら解説をしっかりと読むようにしよう。それでもわからなければ「この問題のここがわからない」と塾の先生に具体的に質問しに行こう。

最後に

私も知っておいてよかったと思えることがいくつもあったわ。やっぱり焦りすぎず、自分のペースで解いて、採点して、復習することが大切ね。問太くん、たくさん演習するのはいいことだけど、解きっぱなしにはならないように気をつけてね。

過去問演習って、ただやればいいというわけではないんだね。ぼくはこれまでやってなかった分、今回の特集を参考にして、冬休みにガンガン過去問演習に取り組むよ。冬休みが終われば佳子ちゃんよりもできるようになってるかもよ!

お守りに関する深イイ話

志望校に合格した先輩の体験談を集めてみました。
お守りを持っていると不思議と気分が落ち着いたりするものですね。
みんなにはどんなエピソードがあるかな？

自信をくれる復習ノート

要点をまとめた
復習ノートで
ひたすら勉強した。
何度も使ってたら
ボロボロに
なっちゃった。
復習ノート
ボロ…
これはぼくの努力の証。
こんなにやったんだから
大丈夫！
絶対
合格!!
復習ノート

受験のときに使い込んだノートをお守り代わりに持って行きました。このノートはこれまでの自分の努力の結晶であり、それを見ると自信が湧いてきます。また、日ごろから持ち歩いていたので、ちょっとした時間にも復習することができたし、試験会場などで緊張したときに見ると、平常心になることができました。

復習ノート

M.Tくん

先生からの熱い応援

　鉛筆は受験にも持って行けるものなので、「先生はいつも寄り添って応援してくださっている」というメッセージをいただいたようで励まされました。

　また、クラスのみんなが同じような緊張を感じながら、同じ鉛筆を持っていっしょに頑張っていると感じると、勇気づけられました。

S.Hくん

友だちがくれた手作りお守り

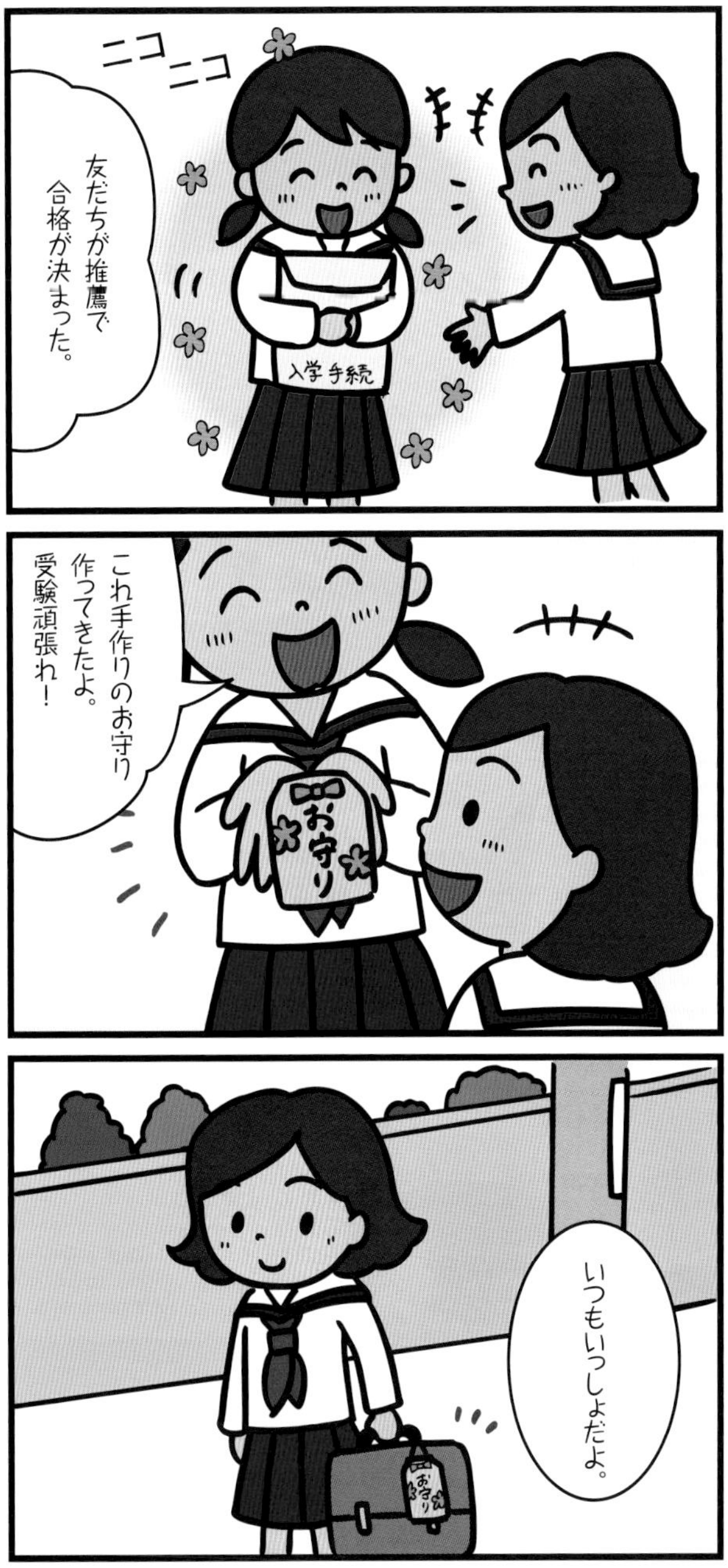

　推薦でひと足さきに合格が決まった友だちが、手作りのお守りを作ってくれました。とてもうれしかったのを覚えています。それからそのお守りを通学カバンにつけていつも持ち歩いていました。合格した友だちの運も手伝ってか、無事に志望校に合格することができました。

S.Tさん

学業の神、菅原道真が天神様として
祀られている有名スポットに
あなたもお守りを買いに行ってみては？

湯島天満宮

学業守

東京都文京区湯島３-30-１　時間/6:00～20:00
アクセス/地下鉄千代田線「湯島」徒歩２分

亀戸天神社

学業御守

東京都江東区亀戸３-６-１　時間/6:00～17:00
アクセス/ＪＲ総武線「亀戸」徒歩15分

谷保天満宮

東京都国立市谷保5209　時間/9:00～16:50
アクセス/ＪＲ南武線「谷保」徒歩３分

仲間との思い出がつまった勝ち守り

“試合に勝てるように”と
部活の仲間で買った勝ち守り。
勝守
勝守
勝守
勝守
勝守
勝守
勝利!!
「その効果もあり、試合は見事勝利！」
○○学校
あのときも結果を
出せたんだから、
今日もきっと
大丈夫なはず!

部活のみんなでお参りに行ったときにいっしょに買った、成田山新勝寺の勝ち守り。部活仲間でずっと持っていた勝ち守りなので、縁起もよく、勉強や部活を頑張っていた日々を思い出すものでした。そのお守りのおかげで、勝負のときに絶対勝つ！
という気持ちを忘れずに、自信を持って試験に臨むことができました。

K.Mさん

質実剛毅
協同自治

家族的情味あふれる環境で育む 高い知性と豊かな人間性

SCHOOL EXPRESS

中《ちゅう》央《おう》大《だい》学《がく》高等学校

東京都 私立 共学校

村岡《むらおか》 晋一《しんいち》 校長先生

中央大学の学風を受け継ぐ最初の附属校として創立された中央大学高等学校。小規模体制を活かして、なにごとにも高い志を持って取り組みます。「自分を育てる、世界を拓く。」をモットーにし、次の社会を担う人間力ある人物の育成をめざします。

School Data

所在地 東京都文京区春日1-13-27	アクセス 地下鉄丸ノ内線・南北線「後楽園」徒歩5分、都営三田線・大江戸線「春日」徒歩7分	生徒数 男子232名、女子263名 ＴＥＬ 03-3814-5275 ＵＲＬ http://www.cu-hs.chuo-u.ac.jp

遠方からもゆとりを持って通える昼間定時制

都心は後楽園に位置し、中央大学（以下、中大）後楽園キャンパス内に校舎をかまえる中央大学高校（以下、中大高）。1928年（昭和3年）、中大初の附属校である中央大学商業学校として創立されたのが始まりです。

夜間定時制としてスタートしたのち、1948年（昭和23年）に学校名を改称、1993年（平成5年）には昼間定時制に移行して現在にいたります。

中大高の教育は、中大の学風である「質実剛健」・「家族的情味」の精神を受け継いでいることです。そしてそれを基にして「自分を育てる、世界を拓く。」という教育目標を掲げ、〝真〟のリーダーとなり得る志を持った人物の輩出をめざします。

施設上の理由から昼間定時制を採用していることについて村岡晋一校長先生は、「授業・行事・部活動・進路など内容は全日制と全く同じです。朝は9時20分のショートホームルームから始まるため通学時にはラッシュを避けることができ、朝の時間にゆとりができます。また都心にあって、交通の便が極めて良好なので、埼玉や千葉、神奈川などの遠方から通う生徒もいます。始業時間にゆとりがあることが、中大の附属校であることと合わせて本校を志望する2大理由になっています」と話されました。

附属校ならではの全科目主義 充実の補習と英検サポート

中大高は3学期制・週6日制で、授業は2012年度より1時限が50分になりました。月曜から金曜までは毎日6時限あり、土曜日のみ2時限です。クラス編成は、1学年4クラス、3学年合わせても12クラスという小規模体制で、男女比はほぼ1対1という割合です。

カリキュラムの基本は全科目主義です。受験にしばられていない附属校の特性を活かし、1・2年次は基礎に重点をおき、全生徒が共通の科目を履修します。

2年次になると、数学Ⅱと数学Cで習熟度別の少人数授業が行われます。α（上位クラス）、β（中位クラス）、γ（サポートクラス）と3展開し、定期テストごとに入れ替えを行います。

3年次には希望進路に応じて文系3クラスと理系1クラスに分かれます。

「理系クラスに入るためには、1・2年次における数学と理科の成績が基準をクリアしていなければなりません。ほかにもいくつかハードルを設けて、それらをクリアした生徒40名程度が理系クラスに入ることができます。文理選択の際は、それまでの成績が重要になってくるので受験がないからといって1・2年次に勉強を怠ることはできません。」（村岡校長先生）

また、早朝の〝0時限目〟や放課後には、第2外国語の授業や生徒の向学心と自主性を重んじた講座を用意しています。

第2外国語は中国語・フランス語

体育祭

9月の下旬に行われる体育祭では、クラス対抗と、全学年の縦割りの団で競い合う部門があります。体育祭はクラスの団結を強めるとともに、学年を超えた縦のつながりも強くします。

の2講座を開講し、2・3年生を対象としています。

　平日に行われる講座については、英検セミナーと公民特講（倫理・政経）、生物特講があります。英検セミナーは1・2年生が対象で、英検2級合格を絶対条件とし、合格するまで受講します。公民・生物特講は3年次からのもので、他大学受験に対応した内容になっています。

　また各期末考査の1週間前になると、補講期間という形で英語・数学・理科・社会の補習を行います。

「放課後に特別に組んだ時間割をあらかじめ発表し、希望する講座を選択する形式です。もっとレベルアップしたい生徒や、あるいはこちらから指名する生徒などを対象にして複数の講座を展開しています。また学習に遅れが見られる生徒には、そうした講座を設けずに普段から個人的に指導にあたっています。1学年160名という小規模体制ですので、それを活かし、きめ細かに対応しています。」（村岡校長先生）

人間力を高めるための土曜講座を開講

　2012年度からの新しい取り組みとして土曜日の2時限を使い、「土曜講座」が開講しました。土曜講座では、国語・数学・英語の実践講座と手話・フラワーセラピー・点字・モザイクアートを1コマずつ組み合わせて週替わりで実施しています。

「授業時数が多いだけでは、生徒の学力向上にはつながらないとの考えから、土曜講座の導入を決めました。このような講座を通して学力+知識・感性などの『人間力』を育み、それを1つのコミュニケーションツールとして、社会に関心を抱かせることを目的としています。」（村岡校長先生）

約9割が中大への進学を志望

　中大のキャンパス内に校舎があるという特色を活かし、中大高では高大連携教育として、商学部・理工学部の講義履修、文学部の特別授業を体験できます。大学に触れることは自分の進路を考えるきっかけにもなっています。

　中大高の生徒は、卒業すると約9割が中大へ進学します。中大へ進学するには、一定の評価基準を満たさなければなりません。評価対象は中間考査・期末考査の成績が大きく重視されます。

「なぜそこに重点を置くのかという

後楽祭（文化祭）

　毎年大いににぎわう後楽祭。2日間あるうちの1日目は、芝居やダンス、映像などクラスステージの発表、2日目は模擬店やお化け屋敷などが出店されます。毎年テーマに沿った展示も行っており、自分たちが好きなことをすることを基本として、生徒全員で創りあげる活気ある文化祭です。

と、普段の授業をしっかり受けているかどうかを見ているからです。また、授業態度や提出物の提出状況も重視します。英検2級や漢検2級を取得しているかどうか、学校行事へのかかわり、部活動での実績や評価も加えて、中大への推薦に価するかどうかを決めています。附属校ですが、手を抜くことはできません。1年生からの積み重ねが重要になります。」（村岡校長先生）

一方、中大を希望せずにほかの私立大学や国公立大学を志望する生徒ももちろんいます。そのような生徒には受験対策の指導が行われ、積極的な支援が行われています。

行事にも熱が入る 1・2年合同ホームルーム合宿

6月には、1・2年生合同のホームルーム合宿があります。富士山麓の「緑の休暇村」へ行く3泊4日の合宿は、クラス対抗の合唱祭や球技大会、飯ごう炊さんにハイキングなど充実した内容になっています。

生徒たちは山梨の合宿所で思い切り汗を流し、また、集団生活を通して協調性を養います。そして、先輩と後輩が同じ場所で寝食をともにするので、縦のつながりも育むことができるのです。そんな親密さが、学校全体の家族的情味につながっています。

2011年の秋には体育館も完成し、生徒たちはますます恵まれた環境のなかで高校生活を送れるようになりました。

最後に村岡校長先生から中大高を志望する読者にメッセージをいただきました。

「本校は小規模の学校ですので、校風をよく理解し、本校に惹かれるという生徒さんを待っています。協調性・自主性があり、将来は社会のために働きたいという志を持った生徒さんに来て欲しいというのが一貫して言い続けていることです。多くの生徒さんにチャレンジしてほしいと思います。」（村岡校長先生）

1・2年生合同ホームルーム合宿

3泊4日で富士山麓「緑の休暇村」へ行きます。洞窟探検、ハイキング、合唱祭、体力測定、球技大会など、内容は盛りだくさんです。徹底的に身体を動かし、仲間と一緒に充実した4日間を過ごします。

ハイキング

球技大会での綱引き

飯ごう炊さん

合唱祭

2012年度(平成24年度)大学合格実績 (　)内は既卒

大学名	合格者	大学名	合格者
中央大推薦入学者内訳		私立大学	
法学部	40	慶應大	1
経済学部	24	上智大	3
商学部	21	青山学院大	1
理工学部	30	法政大	2
文学部	16	明治大	3(1)
総合政策学部	7	立教大	2
中大推薦入学者合計	138	学習院大	1
国公立大学		明治学院大	2
千葉大	2	明治薬科大	2
東京学芸大	2	東京工科大	1
首都大東京	1	その他私立大	11(1)
国公立大合計	5	私立大合計	29(2)

保《ほ》善《ぜん》高等学校

東京都
新宿区
男子校

School Data

所在地　東京都新宿区大久保3-6-2
生徒数　男子のみ861名
TEL　03-3209-8756
アクセス　JR山手線・西武新宿線・地下鉄東西線「高田馬場」徒歩8分、地下鉄副都心線「西早稲田」徒歩7分
URL　http://www.hozen.ed.jp/

将来を自ら築きあげる力をつける

目標実現のための習熟度別授業

どこからでもアクセスしやすい高田馬場に7階建ての校舎をかまえている保善高等学校（以下、保善）。充実した学習環境のなかで、豊かな人間性と創造性・自主性を併せ持つ人材育成を行っています。

保善では、生徒1人ひとりが将来を見据えた目標に向かっていけるように、各自に合わせた3つのクラスに分かれて学びます。

国公立大・難関私立大をめざす「特別進学クラス」は、週4日の7時間授業や独自の教材、先取り学習で高い学力を養成します。2年次からの選択授業は少人数制を採用し、個々の学力伸長を図っています。

「大進選抜クラス」は、G−MARCH合格を目標にしたクラスです。学習内容は基礎から応用に速やかに展開し、2年次からは文・理別のカリキュラムでよりハイレベルな授業を行っていきます。

基礎学力の向上から応用までを無理なく行い、高い大学進学実績を誇るのは「大学進学クラス」です。2年次からは文・理の選択授業を、3年次では応用力を養成する授業も取り入れていきます。

また「大進選抜クラス」・「大学進学クラス」に所属している生徒は、努力次第で2年進級時に「特別進学クラス」または「大進選抜クラス」へとランクアップすることができます。

充実の学習サポートと意識を高める進学行事

保善では授業以外でのサポートも充実しています。

長期休暇中の講習の実施はもちろんのこと、定着度をきめ細かく確認するための単元テストや、大学入試センター試験に役立つ英単語と漢字のテストを日常的に実施しています。

また、放課後には各教科の補習を、朝には朝学習を行います。毎朝20分の朝学習も卒業まで続けると膨大な時間になり、生徒の基礎学力の充実につながる大切な時間になっています。

進学指導としては、毎年10月に約50以上の大学から入試担当の先生を迎えて行う大学入試相談会をはじめ、大学で模擬授業を受講できるものなどさまざまな進学行事が行われます。1年次からの段階を経た進路指導は、将来に向けての生徒の意識を高めています。

1人ひとりが自分自身の目標を明確にし、自らハイレベルなものを求めていけるように、生徒の意識や姿勢を整えることを大切にしている保善高等学校です。

順《じゅん》天《てん》高等学校

東京都

北区

共学校

School Data

所在地	東京都北区王子本町1-17-13
生徒数	男子379名、女子458名
TEL	03-3908-2966
アクセス	JR京浜東北線・地下鉄南北線「王子」徒歩3分
URL	http://www.junten.ed.jp/

一人ひとりの進学志向をかなえる

進学・国際・福祉から豊かな人格形成をめざす

校章に星のマークが輝く順天高等学校。王子キャンパスは、ＪＲ線と地下鉄南北線「王子」駅から徒歩3分という、アクセスのよい場所にあります。

順天は、充実したカリキュラムと進路指導により、生徒1人ひとりの実力を伸ばし第1志望への進路実現をめざします。2012年度卒業生は86.2%が4年制大学へ現役合格するなど、進学校としての実績を積み重ねています。

順天の教育理念は「英知をもって国際社会で活躍できる人間を育成する」こと。21世紀の国際社会で活躍できる、真の学力と人間性を備えた人物を育てる教育を行っています。

教育の特色として、人格形成のため「進学教育」「国際教育」「福祉教育」の3つに重点を置いていることがあげられます。「進学教育」では、カリキュラム以外に大手予備校の通信衛星授業を受けられるサテライト講座や、放課後や長期休業中に実施される自由選択制の課外講習などで入試へ向けての学力を育むと同時に、テーマ研究やグループコミュニケーションなど進学指導も進めます。

「国際教育」では、海外の高校との交流や、海外修学旅行の実施、留学の奨励、英検取得への取り組みなど、世界に視野を広げられる機会を設けています。

「福祉教育」では、国内外を問わず多くのボランティア活動に参加することができ、さまざまな経験から生き方について学ぶことができます。

大学受験を見据えた独自の類型制が特徴

順天では、独自の類型制により生徒の進路志向に対応する学力をつけることができます。類型は入学時より「特進選抜類型」「英語選抜類型」「特進類型」の3つが設定されています。

「特進選抜類型」は東大をはじめとする最難関の国・私立大をめざします。2013年度からは、国際水準をめざすサイエンスクラスとして「特進選抜類型Sクラス」も新設されます。

「英語選抜類型」は語学系・国際学系の難関国公立大や難関私立大、または海外の大学への進学に対応しています。

「特進類型」は首都大東京・東京農工大などの国公立大や、ＭＡＲＣＨなどの難関私立大合格を目標としています。

豊かな人間性を育みながら、自分の希望する進路に対応した3つの類型で、入試に必要な実力をつけることができる順天高等学校。未来に輝く星をめざし邁進《まいしん》する注目校です。

共学校

埼玉県立 越谷《こしがや》北《きた》高等学校

進取の気性を育み 総合的な人間力を高める

普通科と理数科を有し、面倒見のいい進学校として注目されている埼玉県立越谷北高等学校。高校3年間だけでなく、卒業後にもさらに伸びる力をつける徹底した学習指導が行われています。

宇田《うだ》 茂《しげる》 校長先生

地域に根ざした進学校をめざして開校

埼玉県立越谷北高等学校（以下、越谷北高）は、地域に根ざした普通科の男女共学校として、1969年（昭和44年）に開校しました。

その後1989年（平成元年）に、県内初の理数科が設置され、2012年で開校44年目になります。

校是には「流汗悟道《りゅうかんごどう》」が掲げられています。

これは「何事にも真剣に身体ごとぶつかって大いに汗をかき努力をする、そこから自分の求めているものが見えてくる。その継続と汗の量に比例した飛躍が必ずある」という意味です。

また、校訓には校歌にも謳《うた》われている「立志・探求・奉仕」という3つの言葉があげられています。高校の3年間で、人格の形成をめざし、国家、社会の有為な形成者を育成しています。

体育祭

1～3年生が6つの縦割りの団に分かれて優勝を争う形式です。各団の応援合戦と男子の「北高体操」が名物です。

バランスよく学ぶ普通科 専門的に学ぶ理数科

越谷北高では、3学期制を実施し、授業は1時限50分、週3日が6時限、週2日が7時限です。土曜日は隔週（年間14回）で午前中4時限の授業があります。

普通科と理数科が設置されており、普通科のクラスは、現在の1年生と来年度（2013年度）の1年生は9クラス（臨時学級増）あり、1クラスは約40名です。1年次は芸術以外の科目は共通履修です。2年次から文系・理系に分かれますが、特徴的なのは、1クラス35名程度の少人数に再編成され、1クラス増えて10クラスになることです。クラス替えは毎年行われます。

理数科は、理数に関する専門的な力をつけたい生徒のための専門学科で1クラスのみ、40名で構成されます。理科・数学の授業が普通科よりも多くあり、実験や観察をしながら探究活動を行い、科学的な見方や考え方を育てます。男女比は学年によって異なり、女子の比率でいうと、1年生36％、2年生45％、3年23％となっています。

理数科の理科と数学の科目名は「理数数学Ⅰ」、「理数生物」など、『理数』という言葉がついており、普通科よりも内容が少し高度で幅広くなっています。

数学は、理数数学Ⅰ・Ⅱを2講座（1クラス2分割）にして少人数（20人）での授業が行われています。また理科は、1年次に理数生物・理数地学のいずれかを選択し、2年次は理数物理・理数化学を履修します。どちらとも2講座に分割して少人数授業が行われています。3年次には理数物理・理数生物・理数地学のいずれかを選択します。

理数科の特色は、1年次・2年次に理数数学・理数理科の探求活動がカリキュラムに組み入れられていることです。理数数学には、「数学研究発表会」があります。1年次に数学に関する書籍を読んで研究し、2年次には数学に関するテーマを各自で決めて研究し、それぞれの成果を発表します。

理科では、1年次は生物・地学系の野外実習が、2年次には物理・化学系の実験合宿があります。自分たちでテーマを決めて5～6人の班で研究をし、年度末には研究の成果を発表します。これらの活動は、課題研究の単位として認められます。

手厚い学習指導と興味を刺激するプログラム

習熟度別授業は、普通科の3年生の数学Ⅲ・数学Cで2クラスを3展開にして行われ、理数科では理数数学Ⅰ・Ⅱを2講座に分割したうえでさらに習熟度別で行われています。

しらこばと祭
（文化祭）

文化部の発表や、全クラスでクラス企画があります。開会式には越谷特別支援学校の生徒を招いて交流も行われています。

普通科、理数科ともに、3年生には平日の進学講習が、早朝と放課後に用意されています。学期ごとに講座の一覧表が作られ、生徒は希望する講座を選んで受講します。1学期が20講座、2学期が30講座実施されています。

夏期講習は、1年生と2年生は午前中に設けられ、3年生は一日中講習が行われます。90分を1コマとして、1日最大4コマです。10日間を1サイクルとし、Ⅰ期～Ⅳ期まで設定されています。今年の3年の講習は51講座、のべ2000人の申し込みがありました。冬期講習も全学年を対象として開かれています。

平日は、夜7時まで教室を自習室として開放し、質問などを受け付けています。

越谷北高では、講演会などのプログラムも多彩です。「理数科講演会」は1～2年生を対象に、大学教授が来校して科学技術に関する講演が行われます。また、普通科と理数科の両方の生徒を対象にした講演会もあります。文系・理系両方が対象の講演会で、年間3～4回実施されています。

また、越谷北高はSPP（サイエンス・パートナーシップ・プロジェクト）の認定を受けて、①「SPP海洋実習」と②「SPP川の科学」が行われています。これは普通科の生徒も参加が可能で、①は夏休みに2泊3日で静岡県下田市の大学の臨海実験所で実施されています。実習船による水質調査・海洋生物の観察など、生態学・環境学について調査・研究を行います。②は民間の会社と連携して河川の防災から親水までを自然科学と社会科学の両面から研究するフィールド研修を行います。

国際理解教育も積極的に行われています。

「本校は今年度、高校生海外大学等短期派遣事業の指定を受けました。希望する1～2年生の30名が、2013年3月にカナダのブリティッシュ・コロンビア州にあるロイヤルローズ大学へ行きます。1週間滞在し大学で行われている環境学習プログラムに参加します。」（宇田校長先生）

入ってから伸びる！越谷北の進路指導

越谷北では生徒のほぼ全員が4年制大学を希望しており、現役合格率は90％を超えます。これは早い段階から自分の進路について考え、真剣に努力している結果が現れているのです。

進路指導では各学年に合わせたさまざまなプログラムが用意されています。1年次に「学習の手引き」という冊子が生徒に配られ、1～3年までの計画が立てられるようになっており、3年間これを使って進路を考えていきます。

2年次には「OB・OG懇談会」や大

SPP海洋実習

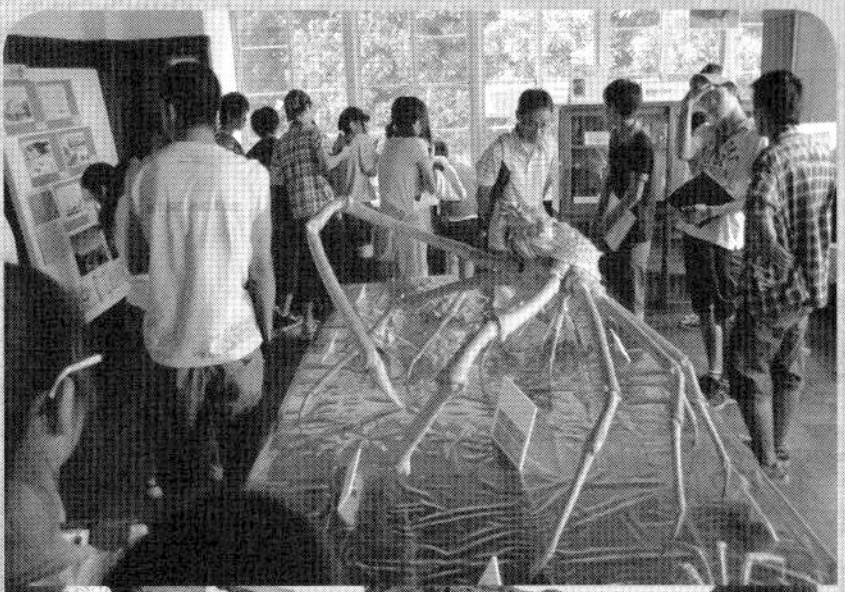

1年生オリエンテーション合宿

越谷特別支援学校との交流

理数科1年野外実習

学の「体験授業」が行われます。勉強方法や大学での様子などを身近な先輩から聞くことで、卒業したあとの自分の進路をよりはっきりと自覚することができます。

「体験授業」は14分野の大学の教授を招いて行われます。実際の大学で行われているのと同じ講義を受けることで、雰囲気や学びの深さを知ることができます。

そのほか、各学年で学期ごとに講演会が開かれています。この講演会には著名人や大学・予備校の先生、社会で活躍している卒業生を招いています。

全員受験する模擬試験は1年生で3回、2年生で4回、3年生で7回実施されます。定期考査などといっしょに成績がデータ化されます。教科および学年でそれぞれ現在の学力を分析し、どこをどのように伸ばしていくかということや、大学受験への貴重な判断資料としています。

早い段階からの進路指導と手厚い学習指導により、生徒は明確な進路希望を持って勉強に励むことができるのです。そして、それが高い現役合格率、国公立大学や難関私立大学への合格実績につながっています。

宇田校長先生は「本校は面倒見のいい学校です。授業だけではなく、部活動やそれ以外の部分でもしっかりとした指導を行っています。いい教師とは、生徒の能力を高めるのが得意な人のことです。そうした先生のもとで、自分を高めたいという意思の強い、学習意欲の高い生徒に来てもらいたいですね。本校は、入ってからますます学力を伸ばしていく学校です。面倒見のいい学校だからそれが可能なのです」と自信を持っておっしゃっています。

2012年度(平成24年度)大学合格実績(　)内は既卒

大学名	合格者	大学名	合格者
国公立大学		私立大学	
北海道大	1(0)	早大	41(6)
東北大	1(0)	慶應大	2(1)
茨城大	2(0)	上智大	18(6)
筑波大	8(3)	東京理科大	45(16)
埼玉大	22(1)	青山学院大	25(5)
千葉大	14(2)	中大	39(9)
お茶の水女子大	2(0)	法政大	67(7)
首都大東京	2(2)	明大	64(6)
電気通信大	1(0)	立教大	49(5)
東大	1(1)	学習院大	12(1)
東京外大	1(1)	津田塾大	5(2)
東京海洋大	4(1)	日本女子大	8(1)
東京学芸大	2(1)	東京女子大	4(1)
東京工大	6(2)	成蹊大	17(1)
東京農工大	4(2)	自治医大	1(0)
横浜国立大	1(0)	北里大	8(2)
その他国公立大	11(3)	その他私立大	644(134)
国公立大合計	83(19)	私立大合計	1049(203)

School Data

埼玉県立越谷北高等学校

所在地

埼玉県越谷市大泊500-1

アクセス

東武スカイツリーライン「せんげん台」徒歩20分

生徒数

男子569名　女子559名

TEL

048-974-0793

URL

http://www.koshigayakita-h.spec.ed.jp/

和田式教育的指導

入試直前1～2カ月の勉強法について

いよいよ入試が間近になってきました。志望校も決まり、気持ちが充実していることと思います。これから入試までの短い期間に注意すべき点を伝授しましょう。

受験直前期は充実した勉強ができる

直前期の重要なポイントとしては、まず時間をムダにしてはいけないということです。それから最後まで諦めないことです。

志望校合格のためにこれまでずっと受験勉強をしてきたわけですから、数学の問題を解くスピードや、国語や英語の長文を読むスピードはかなり速くなっていると思います。

もしも、1時間で解ける問題の量が受験勉強を始めた当初より倍になっていたとすれば、1日に同じ時間勉強したとしても2日分の勉強量をこなせるようになっているということになります。

夏休みを思い出してみてください。夏休みが始まる前には1日10時間勉強しようと思って計画を立てていたのに、実際には6時間しかできなかったという人がたくさんいるに違いありません。それがいまの時期であれば、勉強の習慣も身についてるし、もう時間がないという焦りもあるので、1日10時間か、それ以上勉強することも可能でしょう。

それから、この時期は完全に受験に必要な勉強をするので、ムダな勉強はしなくて済みます。勉強の密度も倍ぐらいになってきています。質・量ともに充実した勉強ができる受験直前期だからこそ、うまくすれば1日で4～8日分の勉強だってできてしまうのです。

そうしたことを考えれば、「受験まであと1カ月しかない」と考えるのではなく「4カ月分の勉強ができる」と考えた方がよいでしょう。

直前期だから少しゆっくりしようという考え方は、まったくのでまかせだと思ってください。

入試を受けるときは頭の働きがよい状態に

この時期からは、身体や脳のコンディションを整えておくことも忘れないでください。

以前、記憶は寝ている時間に脳に書きこまれるので、記憶をするためには夜型の勉強法がいいということを書きました（2012年11月号）。これは、社会科や英単語などの暗記ものに関してのことです。

それ以外の、英語の長文を読んだり、数学の計算など、思考力が必要な事柄については、夜型の勉

強である必要はまったくありません。

入学試験を受けるときは、頭の働きがよい状態であった方がいいに決まっています。

朝起きてから頭が完璧に冴えるまで、2~3時間かかると言われています。3時間みておけば十分ですので、試験が9時から始まる学校であれば、朝6時に起きる習慣をつけておくようにしましょう。

試験直前になって急に2~3時間早く起きるようにしても、時差ボケのようなことが起りますから、1日5~10分ずつ早起きするようにしていくとよいでしょう。

参考書ではなく問題集を使って勉強する

4~5月ごろのような早い時期は、インプットを多くして、アウトプットが少ない勉強法でした。つまり、参考書を使って勉強する時間が多くて問題集の出番が少なくてもよかったのです。

しかしいまの時期は、いろいろなことを詰め込んでいく勉強から、吐き出す形の勉強法に変えることが大切です。吐き出す形の勉強をすれば、間違えたところを確認でき、まだ覚えていなかったものがわかってきます。覚えたつもりという、「つもり」もなくすことができます。

問題を多く解くことで、似たような問題を解くことに慣れていきます。そのためにも、問題集を使って、どんどん問題を解いていきましょう。

入試直前になっても、志望校の過去問には何度も取り組むといいです。とにかく問題を解くということ、出題傾向をよくつかんでおくことが大切です。

よく試験の間際に一夜漬けのような詰め込み型の勉強をする人がいますが、これは知識が定着する勉強法ではないので、試験の間際になればなるほど問題集型の勉強をした方がいいのです。

吐き出し型の勉強は、試験慣れにもなり、解くスピードも早くなります。また問題にも慣れていくので、答案を書くことにも余裕が出てきます。

問題を解くことに集中して、入試までの期間を乗り越えてください。

Hideki Wada

和田秀樹

1960年大阪府生まれ。東京大学医学部卒、東京大学医学部附属病院精神神経科助手、アメリカのカールメニンガー精神医学校国際フェローを経て、現在は川崎幸病院精神科顧問、国際医療福祉大学大学院教授、緑鐵受験指導ゼミナール代表を務める。心理学を児童教育、受験教育に活用し、独自の理論と実践で知られる。著書には『和田式　勉強のやる気をつくる本』(学研教育出版)『中学生の正しい勉強法』(瀬谷出版)『難関校に合格する人の共通点』(共著、東京書籍)など多数。初監督作品の映画「受験のシンデレラ」がモナコ国際映画祭グランプリ受賞。

※このページは33ページから読んでください。

2つの点はすれ違って、逆に遠ざかるかもしれない。

近づこうが遠ざかろうが、点Pと点Qの位置をしっかり計算するためには、基準点を決めてそこからどれだけ離れているかを考えるとよい。

点PはAから出発するのだし、点QはAに向かって進むのだから、基準点をAにしよう（もちろん、Gにしてもいいのだよ）。

ここで確認しておこう。$\widehat{PQ}$は点Pと点Qの最短距離だったね。だから、$\widehat{PQ}$ = PB + BC + CQだ。また、点Pは1秒に1動く。だから、出発してx秒後にはx動く。

2つの点が出発してx秒たったとき、点Pは辺AB上のAからx離れたところにいる。

一方、点Qは1秒にq動く。x秒ではxq動く。点Qはx秒後には、辺ABか辺BCか辺CQのどこかにいるのだが、AB + BC + CQ = 7だから、点QはAから7 − xq離れたところにいる。

そうすると、点Pと点Qとの距離（$\widehat{PQ}$）は、7 − xq − xということになるね。そこで、以下が成り立つ。

$\widehat{PQ} = -\frac{9}{4}x + 7 = 7 - xq - x$

$-\frac{9}{4}x + 7 = 7 - xq - x$を整理すると、

$xq = \frac{9}{4}x - x$

$xq = \frac{5}{4}x$

$q = \frac{5}{4}$

解答 $q = \frac{5}{4}$

さあ、お待たせ、いよいよ難問だ。［3］を解くぞ！

問題を読むと、$\sqrt{5}$という数値が気にならないか？平方根がよく搭乗するのは、直角三角形の問題だね。例えば、短い辺が$2cm$と$3cm$の直角三角形は、長い辺が$\sqrt{13}\,cm$だ。$A^2 + B^2 = C^2$という公式から$\sqrt{4} + \sqrt{\ }9 = \sqrt{13}$を導き出すなどというのは、十分に頭に入っているはずだ。

だとすると、「$\sqrt{5}$に縁の深い直角三角形は？」と問われたら、すぐに$1^2 + 2^2 = \sqrt{5}^{\,2}$が頭に浮かぶだろう。1 + 4 = 5だね。そうとも、1：2：$\sqrt{5}$の直角三角形さ。

出発2秒後には、点PはABの中点の位置にいる。AP = 2だ。そして∠DAPは直角だ。つまり△DAPは直角三角形だよ。しかもAD = 1だ。AD：AP = 1：2だから、DP = $\sqrt{5}$じゃないか！　Q = Dならば（1）の条件に合うのだ！

AD：AP：DP = 1：2：$\sqrt{5}$………①

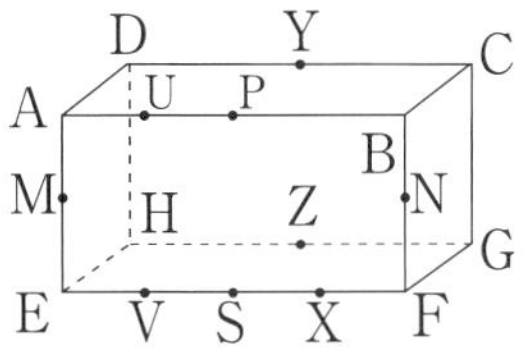

これを手がかりにすれば、言いかえると1：2の辺を持つ直角三角形を探せば、次々とPQ = $\sqrt{5}$であるところを見つけられる。

Cもそうだね（△PBC）。

BC：BP：DP = 1：2：$\sqrt{5}$………②

さらに、AEの中点Mもそうだ（△APM）。

AM：AP：MP = 1：2：$\sqrt{5}$………③

同じくBFの中点Nもそうだ（△BPN）。

BN：BP：NP = 1：2：$\sqrt{5}$………④

1：2の辺はまだまだ見つかる。EFの中点をSとすると、ESの中点Vと結びつけて（△VSP）、

VS：PS：PV = 1：2：$\sqrt{5}$………⑤

同じようにFSの中点Xと結びつけて（△XSP）、

SX：SP：XP = 1：2：$\sqrt{5}$………⑥

最後に、CDの中点YとGHの中点Zを結びつけて（△PYZ）、

PY：YZ：PZ = 1：2：$\sqrt{5}$………⑦

なんと7つもある。

まとめると、QがC、D、M、N、V、X、Zにいると（Q = C、Q = D、Q = M、Q = N、Q = V、Q = X、Q = Zのどれかが成り立つと）PQ = $\sqrt{5}$なのだ。

さて、そうすると、この7つの場合、PQはいくつになるのだろう。

Q = Cの場合は、$\widehat{PQ}$ = CB + BP = 3

Q = Dの場合も、$\widehat{PQ}$ = DA + AP = 3

Q = Mの場合も、$\widehat{PQ}$ = MA + AP = 3

Q = Nの場合も、$\widehat{PQ}$ = NB + BP = 3

Q = Vの場合は、$\widehat{PQ}$ = VE + EA + AP − 5

Q = Xの場合も、$\widehat{PQ}$ = XF + FB + BP = 5

Q = Zの場合は、$\widehat{PQ}$ = ZG + GF + FB + BP = 7

やれやれ、やっと終わった。数学が得意な人でもちょっと手こずるだろう。じつは、このあとにもう1問あるのだが、紙面の都合で省略する。

解答 $\widehat{PQ}$ = 3, 5, 7

編集部より

正尾佐先生へのご要望、ご質問はこちらまで！

FAX：03-5939-6014　e-mail：success15@g-ap.com

※高校受験指南書質問コーナー宛と明記してください。

※このページは33ページから読んでください。

まず［1］の（1）だ。4秒後に点Pと点Qがどこにいるだろうか。AからBに向かう点PはちょうどBにいる。いっぽう点QはHにいるから、このとき $\overset{\frown}{PQ}=\overset{\frown}{BH}$ だね。BからHへ遠回りをしないで（＝最短距離で）行くとしたら、B→A→E→HとかB→C→G→Hとか、通り道はいろいろ（6通り）あるけれど、どれを通っても最短距離は7だ。

5秒後も、同じように考えよう。点PはBFの真ん中、中点にいる。点Qの方はちょうどEにいる。BFの中点からEまでの最短距離は、

（BF ÷ 2） + FE = 5

解答　（1） = 7　（2） = 5

（2）は少しだけめんどうだ。まず（1）の結果を表にしてみよう。

出発後の時間(秒)	Pのいる所(位置)	Qのいる所(位置)	$\overset{\frown}{PQ}$の値
4	B	H	7
5	BFの中点	E	5

この表をもう少し広げると、

出発後の時間(秒)	Pのいる所(位置)	Qのいる所(位置)	$\overset{\frown}{PQ}$の値
1	?	?	?
2	?	?	?
3	?	?	?
4	B	H	7
5	BFの中点（PB = 1）	E	5
6	?	?	?
7	?	?	?

というふうになるね。そうすると、この表の？がわかればグラフが描けるぞ。さあ、？を埋めていこう。

出発して1秒後は、Pは（AB上の）A寄りのところにいる。つまりPB = 3だ。Qは（GH上の）G寄りのところにいる。つまりGQ = 1だね。

PとQとの最短距離は7になる。わからないという人のために説明するぞ。例えば、P→B→F→G→Qというふうに通るとするなら、

PB + BF + FG + GQ = 3 + 2 + 1 + 1 = 7

となる。

出発して2秒後は、PはABの中点にいる。PB = 2だ。QもGHの中点にいる。GQ = 2だ。

このときのPとQとの最短距離は7になる。例えば、上に記したのと同じように、P→B→F→G→Qというふうに通るとするなら、

PB + BF + FG + GQ = 2 + 2 + 1 + 2 = 7

となる。

出発して3秒後は、Pは（AB上の）B寄りのところにいる。つまりPB = 1だ。Qは（GH上の）C寄りのところにいる。つまりGQ = 3だね。

このときのPとQとの最短距離は7になる。例えば、上に記したのと同じように、P→B→F→G→Qというふうに通るとするなら、

PB + BF + FG + GQ = 1 + 2 + 1 + 3 = 7

となる。

出発して6秒後は、PはFにいる。つまりPE = 4だ。QはAEの中点にいる。つまりEQ = 1だ。

このときのPとQとの最短距離は5になる。最短の通り道はP（F）→E→Qだけで、

PE + EQ = 4 + 1 = 5

となる。

出発して7秒後は、PはGにいて、QはAにいる。それぞれの出発点だ。だから、PとQとの最短距離は、AとGの最短距離と同じで、7だね。

出発後の時間(秒)	Pのいるところ(位置)	Qのいるところ(位置)	$\overset{\frown}{PQ}$の値
1	AB上(PB=3)	GH上(GQ=1)	7
2	ABの中点(PA=2)	GHの中点(GQ=2)	7
3	AB上(PB=1)	GH上(GQ=3)	7
4	B (PB=0)	H (GQ=4)	7
5	BFの中点(PB=1)	E (HQ=1)	5
6	F (PE=4)	AEの中点(EQ=1)	5
7	G (PF=1)	A (EQ=2)	7

これをグラフにするとこうなるね。

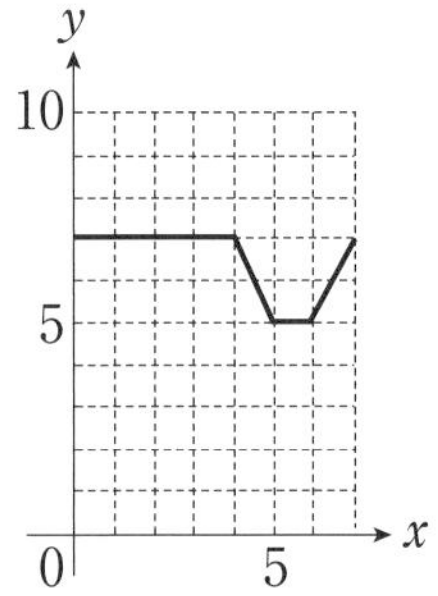

次は［2］だ。ポイントは $0 \leqq x \leqq 2$ という x の範囲だ。0秒から2秒までは、点Pは辺ABの上にしかいないね。その間に点QはG→C→B→Aというルートで点Pに近づいてくる。ひょっとして、点Qの動きが速ければ、

教育評論家 正尾 佐の

高校受験指南書

Tasuku Masao

七拾参の巻

今年出た難しい問題3【数学】

この原稿を書いている今日、東大で「東京大学工学部をのぞいてみよう」という催しが行われている。これは、女子中学生・女子高校生を招いて、「東大工学部ってこんなところだよ」と案内するイベントだ。

バイオマテリアル研究室とか再生医療工学研究室とか西洋建築史研究室とか、そういうラボ（＝研究所・実験室）をめぐって、女性研究者がどんなことをしているかを目の当たりにして驚き、目を見張っておもしろがるという行事だ。

東大だけでなく、日本の理系大学・学部では、いま、女子学生に大きな期待をかけている。リケジョ（理系女）という言葉も頻繁に耳にするようになった。大げさに言うと、東日本大震災・福島原発災害で大打撃を受けた日本の将来は、数学・理科の得意な女子の肩にかかっているんだ。

「え？　男子はなにをやっているの？」だって？　もちろん男性研究者も頑張っている。だが、女性が少なすぎる。能力の高い女子高校生の多くは文系の大学・学部へ進学する。もっともっと理系分野へ進んでくれると、日本の自然科学はずいぶんとレベルアップするだろう。

そこで、「今年の難しい問題」シリーズの最後となる今号の数学は、慶應義塾女子高の問題を取り上げる。この問題が理解できるなら、リケジョの卵として高校で数学力をさらにアップし、日本最初の女性ノーベル賞受賞者を夢見よう！

AB = 4，AD = 1，AE = 2 の直方体 ABCD—EFGH がある。直方体の辺上の2点 M, N に対して，点 M から N まで遠回りすることなしに直方体の辺上を動いたときの道のりを $\overset{\frown}{\mathrm{MN}}$ で表す。例えば線分 AE の中点を M，線分 BC の中点を N とすると，

$$\overset{\frown}{\mathrm{MN}} = \mathrm{MA} + \mathrm{AB} + \mathrm{BN} = 1 + 4 + \frac{1}{2} = \frac{11}{2}$$

である。

点 P は点 A から G まで A→B→F→G の順に，直方体の辺上を毎秒1の速さで動き，点 Q は点 P と同時に出発して，点 G から A まで遠回りすることなしに直方体の辺上を毎秒 q の速さで動くものとする。次の問いに答えなさい。

[1] 点 Q が G→H→E→A の順に，$q = 1$ で動いた。

(1)　出発してから4秒後と5秒後の $\overset{\frown}{\mathrm{PQ}}$ の値をそれぞれ求めなさい。

(2)　出発してから x 秒後の $\overset{\frown}{\mathrm{PQ}}$ の値を y とするとき，x，y の関係をグラフに表しなさい。

[2] 点 Q が G→C→B→A の順に動いた。出発してから x 秒後の $\overset{\frown}{\mathrm{PQ}}$ の値を y とするとき，x が $0 \leqq x \leqq 2$ の範囲では、$y = -\frac{9}{4}x + 7$ であった。q の値を求めなさい。

[3] 出発して2秒後の線分 PQ の長さが $\sqrt{5}$ であった。このときの $\overset{\frown}{\mathrm{PQ}}$ の値として考えられるものをすべて求めなさい。

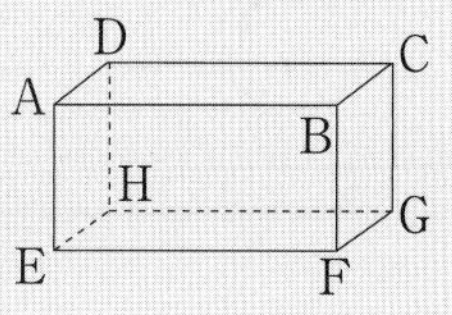

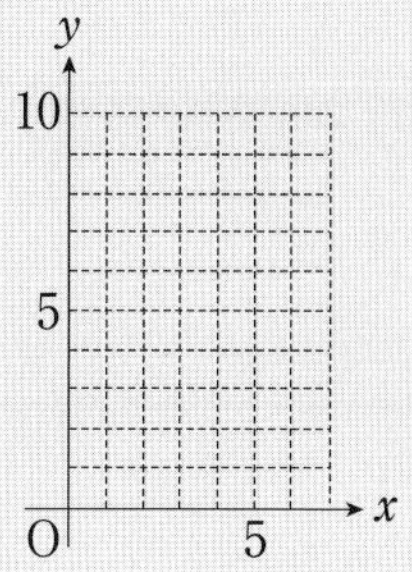

宇津城センセの受験よもやま話

ある男子の手記③

宇津城 靖人先生
早稲田アカデミー　特化ブロック　ブロック長
兼 ExiV西日暮里校校長

「ワタル！　ねえ、ワタル！　ちょっといいかな？」

２時間目が終わったあとの休み時間は、どの教室もガヤガヤしていた。ぼくは３−Ｃの教室の入り口のところで、ワタルを呼び出した。

「あーん？　なんだよ、隼人。」

にぎやかな教室のなかで１人机に突っ伏していたワタルは、ぼくの声を聴いて身体を起こすと、ちょっと眠そうに目をこすりながらも廊下へと出てきてくれた。

「あのさ、ちょっと頼みたいことがあるんだけど…。」

「なに？　オレ、忙しいんだけど。」

そう言うと、ワタルは大きなあくびをした。

「ずいぶん眠そうだね。また夜な夜なにか作業をしてるんでしょ？」

「ああ。いまはスマホのケースをデコってる。」

うーんと身体を大きく伸ばしながら、ワタルはそう答えた。

「へー。今度はだれに頼まれたの？」

「それがな、スゲーめんどくさい話なんだけど、姉貴の彼氏のなんだよ。」

「由香姉の彼氏？　由香姉、彼氏できたの?!」

「そうなんだよ。びっくりだろ？　あの空手バカ一代ってカンジの、色気ゼロの女に彼氏だぜ？」

「うわー。すごいね。由香姉には悪いけど、ちょっとびっくりした。やっぱり彼氏も空手関係の人？」

「いや、それが全然。なんかメガネかけてて頭はよさそうなんだけど。空手関係どころか、むしろちょっとひ弱なカンジの人でさ。」

「へえー。意外だな。どういうきっかけで出会ったんだろ？」

「なんだかその彼氏が酔っ払いにからまれてるのを、姉貴が助けたらしくてさ。それがきっかけらしいよ。」

ワタルが何気なくしゃべったその言葉に、ぼくは図星を突かれたような気がしてドキッとした。

「へ、へー、そうなんだ。由香姉、強いもんね。」

そのときのぼくの声は上ずっていたかもしれない。幸いワタルは気付かなかったようだけど。

「あの姉貴がさ、いまは気持ち悪いくらい『女』全開でさあ。あんな甘えた声で話す姉貴は初めて見たよ。」

「そうかな、由香姉は結構女らしいところ、あると思うんだけど。」

「それは隼人にはソトヅラしか見せていないからだよ。素の姉貴はろくなもんじゃないぜ。今回オレにしてきた頼みごともひどいもんでさ。ほら、オレ、クリエーターとしてのプライドがあるじゃない？」

「うん。」

「だから姉貴から彼氏のスマホの依頼を引き受けたとき、しっかり採寸して、ぴったりのケースをハンドメイドで作りたいって、オレの方から言ったのよ。」

「うん、ワタルならそう言うよね。」

「そしたら、あの姉貴、なんて言ったと思う？『あんたにケータイ渡したら、その間彼と電話できなくなるじゃない。そんなの嫌だ』とか言ってさ。結局彼氏のスマホの実物をオレには見せてくれないんだよ。」

「え、じゃあどうやって作るの？」

「1回も実物見ないでケースが作れるわけないじゃん。そう言ったら姉貴のやつ、市販のケースにデコレーションだけしろって言うのよ。」

「ああ、そういうこと。」

「そのくせやたらと注文が多くてさ。ビーズで『由香命』って文字を入れろとか、しかもその文字は極太明朝にしろとか。市販のケースの素材じゃあ、それだけの飾りの重さに耐えられないって言ってんのにさ。姉貴のやつ、たった一言『なんとかしろ』だぜ？　そんなの物理的に不可能だって伝えたら『お前の腕が悪い』だとよ。ホント、ひどいもんだよ。」

「そっか、それは災難だったね。」

　ひととおり愚痴を言って満足したのか、ワタルはひと息ついて、改めてぼくの方を見た。

「で、なにを作ればいいんだ？」

「え、いや、いいよ。なんでもない。」

　そんな話を聞いて「じゃあぼくの依頼も引き受けて」なんて言いづらい。キーホルダーの修繕のあてがほかにあるわけでもないのに、ついそう言ってしまった。

「なんでもなかったら、休み時間にわざわざオレのところまで来ないだろ？」

　言われてみれば確かにその通りだ。

「頼んでいいの？　そんなに忙しいのに？」

「ああ、姉貴の依頼はなんとかメドが立ったから。市販のケースに見せかけて、一から作ってやることにしたから。」

　ぼくに気をつかったのだろうか、ワタルはなんでもないことのように言った。

「そっか。ありがとう。じつはこれを直してほしいんだけど……。」

　ワタルの優しさに甘えることにしたぼくは、そう言うと、例の折れたサーフボードのキーホルダーをポケットから取り出した。

「キーホルダーか。ちょっと貸して。」

　ワタルはぼくの手からキーホルダーを受け取ると、本体と折れたかけらを交互に見比べた。そして、2つを組み合わせると、そのつなぎ目のところを注視した。いつも思うのだが、ワタルのこの目には本当に迫力がある。この目をしたあとのワタルは、必ずこちらの期待以上のものを作り出してくれる。

「直せそう？」

「うーん。これは…楽勝だな。」

「ホント？　よかった！」

「きれいに割れてるから、大丈夫だな。一部かけらがなくなってるところがあるけど、ほんの少しだからパテで十分埋められるよ。ただ、つなぎ目をきれいにするために加工する必要があるけど。」

　ワタルがそう言うなら、本当にきれいに直せるのだろう。彼女との約束を守れることに、ぼくは心底ホッとした。

「これ、デコってもいいのか？」

「うん。それは大丈夫。」

「わかった。作業自体は明日には完了するよ。ただし、つなぎ目が完全に安定するまでには3日くらい必要だけど。」

「OK。ありがとう、恩に着るよ。」

　直るまでの時間もたいしたことない。彼女も喜んでくれるだろう。そう思うとさらに嬉しさがこみあげてきた。うかつだった。鋭い眼力を持つワタルが、ぼくのそんな様子を見逃すはずはないのだ。

「で？」

「で、このキーホルダーはだれのなんだ？」

「え？　ああ、えっと、か、母さんのだよ。」

　ワタルは黙ったままでにやりと笑った。

「…隼人、お前、動揺しすぎ。バレバレなんだよ。」

　ワタルのひと言に、ぼくはなんて言ってよいのかわからなくなってしまった。さらにワタルは続けた。

「隼人さあ、オレがこれを直すのは全然構わないんだけど、もしこれがお前にとって大切な人のものなら、お前自身で直した方がよくないか？」

「そうかな？」

「そうだよ。どういういきさつかは知らないけど、これ、大事なものなんだろ？」

「うん。その人がお母さんと旅行したときの、唯一の思い出の品なんだって。」

「だったらなおさらだよ。オレのクリエーターとしての技術を買ってくれての依頼だとは思うけど、それはオレの仕事じゃあないよ。」

「そっか。」

「うん。ものを直すのは、そのものに対する人の思いを受け止めるってことなんだよ。お前が、その人を大事にしたい、その大事な人が大切にするものを、自分も大切にしたいって思うのなら、お前が直すべきだよ。」

「ワタル……。わかった。でも、ぼくに直せるかな？」

「ああ。直し方はオレが教えてやるから、大丈夫だよ。」

「ありがとう、ワタル。やっぱり、ぼくが直すよ。」

「よし、隼人、お前もなんだか『男』ってカンジになったな。」

　そう言うとワタルはクスクス笑った。

「じゃあ、夜にオレんちに来いよ。8時過ぎくらいから始めるか。」

「うん、じゃあ晩飯を食べたら行くよ。」

「ちなみにその時間なら、姉貴の『甘い猫なで声電話』も聞けるからお楽しみに。」

「うわー。それはちょっとヤダな。」

「じゃあ、また夜にな。」

　ワタルはそう言って自分の机に戻った。ぼくは、ワタルの「思いを受け止める」っていう言葉をかみ締めながら、自分の教室へと向かって歩いた。歩きながら、なんだか見える景色の角度がいつもよりも少しだけ上からになっているような、そんな気がした。

国語

東大入試突破への現国の習慣

将来に対する不安は、いつの時代にも共通です。青年は大いに悩み、そして迷うべきなのです！

田中《たなか》 利周《としかね》先生

早稲田アカデミー教務企画顧問

東京大学文学部卒。東京大学大学院人文科学研究科修士課程修了。文教委員会委員。現国や日本史などの受験参考書の著作も多数。早稲田アカデミー「東大100名合格プロジェクト」メンバー。

慇・懃・無・礼?!
今月のオトナの四字熟語
「個人主義」

「人として生まれたからには、自分の個性が発展出来るような場所に尻を落ち着けるべく、自分とぴたりと合った仕事を発見するまで邁進しなければ一生の不覚である。もって生まれた個性がそこにぶつかって始めて腰が座る。そこに尻を落ち着けて前に進んでいくとその個性がますます発展してゆく。仕事と個性がしっくり合った時、はじめて幸福と安心がある。」

大正3年、今から約百年前のコトバですので多少読みづらいところがあるかもしれませんが、それでも言わんとするところは君たちにもよく伝わってくるのではないでしょうか。これは夏目漱石の『私の個人主義』という有名な講演録の一節で、自らの経験をふまえて青年たちに対して「個性を発揮する」ということについて語りかけているところなのです。先月号では森鷗外を取り上げてコメントしましたので、今月は「明治の文豪」と並び称される夏目漱石にもスポットをあててみたいと思います！

せっかくですから「文学史」の問題として出題される可能性のある作品にも注意しておきましょう。『吾輩は猫である』や『坊ちゃん』は、小学生でも知っている(読んだことはなくても)作品ですが、開成の入試問題では「夏目漱石の作品を三つ答えなさい」というイジワル? がなされました。あと一つ、が出てこない受験生があわてふためいたのです(笑)。高校生になると必ず「現代国語」で学習する内容ですので、この際覚えてしまいましょう！ 夏目漱石には前期三部作と後期三部作と言われる作品群があります。『我輩は猫である』や『坊ちゃん』は、これには含まれていないのです。ですから、あと六つの作品は頭に入れなくてはなりませんよ。『三四郎』『それから』『門』の前期三部作と、『彼岸過迄』『行人』『こころ』の後期三部作になります。「そんなに覚えられません！」という方には、せめて『三四郎』を知っておくことをお勧めします。九州の田舎から東大入学のために上京してきた主人公の三四郎君が、都会での生活や新しいものの考え方に触れ、様々に思い悩むオハナシです。ヒロインの美禰子《みねこ》さんからは「迷える子(ストレイシープ)」と呼ばれ、三四郎君の悩みは一層深まります。そんな主人公とヒロインが初めて出会った場所、それが本郷東京大学構内の「池」なのです。そこからこの池のことを「三四郎池」と呼ぶようになっています。今でもありますよ。

近所の小学生がザリガニを釣りにやっ

てくるような小汚い池ですが…訪れくみれば、静かで落ち着いた雰囲気は感じられると思います。

閑話休題。『私の個人主義』に話を戻します。「自分は何をするために生まれてきたのだろうか?」という自問を繰り返しながら成長していくというプロセスは、明治・大正・昭和・平成といった時代を問わず、青年誰しもが経験していくことなのでしょう。しかしながら、皆が経験するからといって、その重みが軽くなるというものではありません。いつの時代も重要なテーマなのです。とりわけアイデンティティーを模索する時期の真っ只中にある皆さん方中学生にとっては、切実な課題と言えるでしょう。一向に定まらない「自分の進むべき道」を前にして、途方にくれることの方が多いのではないでしょうか。漠然としている将来というのは恐ろしく、ややもすれば暗い気持ちにとらわれ、なんとも言えず苦しいものです。漱石もそうした気持ちを率直に表明しています。

「私はこの世に生れた以上何かしなければならん、といって何をしてよいか少しも見当がつかない。あたかも嚢《ふくろ》の中に詰められて出る事のできない人のような気持がするのです。私は私の手にただ一本の錐《きり》さえあればどこか一カ所突き破って見せるのだがと、焦燥《あせ》り抜いたのですが、あいにくその錐は人から与えられる事もなく、また自分で発見する訳にも行かず、ただ腹の底ではこの先自分はどうなるだろうと思って、人知れず陰鬱《いんうつ》な日を送ったのであります。」

皆さんたちも学校では「個性的に生きなさい」という教育を受けているところでしょう。先生は言います。「夢を持ちなさい。自分が本当にしたいことは何か、よく考えなさい」と。そしてこう続けるのです。「自分の個性を社会的に実現するのが職業だ!」と。だから、目標に向かって努力しなくてはならない、と。けれども、「自分は何のために…」という根本的な問いに答えが見つけられないままでは、「個性的」という言葉がむしろ呪縛のようになり、かえって非常に苦しむことになるのではないでしょうか。その苦しみを漱石は「嚢《ふくろ》の中に詰められて」と表現し、切り札となる「個性」を「一本の錐《きり》」と例えたのです。確かにそんな武器を手に入れられれば、問題は解決できる。けれども、どこにもそんなものは見当たらない…。

最終的にこの苦しみから解放された瞬間を、漱石は次のように表現しています。

「ああここにおれの進むべき道があった! ようやく掘り当てた! こういう感投詞を心の底から叫び出される時、あなたがたは始めて心を安んずる事ができるのでしょう。」

漱石の言うとおり、自分の「個性」を発揮できる仕事に就けば、「私とは何であるか?」という問いに対しても、ある程度答えられることにもなるのでしょう。でも本当に、そううまくいくのかな? と、悩みを深める皆さんも多いのではないでしょうか。

次回のこのコーナーでは、漱石の晩年の境地といわれる「則天去私《そくてんきょし》」という言葉を紹介しながら、さらに考察を進めてみたいと思います!

グレーゾーンに照準!
今月のオトナの言い回し
「溜飲を下げる」

「溜飲」は「りゅういん」と読みます。では「溜息」は? これは「りゅうそく」ではなく、「ためいき」になりますね。でも、どちらも似たような感覚を指していることについては、かわりないのですよ。つまり、「溜息」が「息がのどにとどまるような」感覚を表すのと同じように、「溜飲」も「飲み込んだものがのどにとどまるような」感覚を意味しているのです。江戸時代では病名としてこの「溜飲」は知られており、現代ではいわゆる「胸焼け」という症状のことを指しています。ですから「溜飲を下げる」とは、「胃の具合が悪くて胸やけをおこしている状態」から、「症状が改善され、気分が良くなること」を意味しており、転じて、「胸の中の精神的なつかえがなくなり、気分が晴れ晴れする」という意味にもなるのです。

ただし、使い方には気をつけなくてはなりません。「不安な気持ちがなくなってスッキリした」という意味で理解してしまうと、「テストの出来を心配していたけれども、思ったよりも結果が良くてホッとした」といった場合にも、「溜飲を下げた」という用法は通用しそうなのですが…これがそうはいかないのです。胸のつかえがとれることに違いはないのですが、「不安」というよりもむしろ「不満」の解消に関わるのが、この「溜飲を下げる」という言い回しなのです。「日頃の不平不満が解消され、気分を晴らした」という意味合いが、ピッタリときます。ですから「いつもやり込められていた相手を論破することができて、溜飲を下げる」といったように、対抗的な人間関係の中で使うことが多くなります。「よかったね」というよりも「ざまあみろ」なんですね。使用上の注意が必要な所以です。

※夏目漱石の引用部分は、仮名遣いなど現在とは違う部分もありますが、そのままになっている箇所があります。

<解き方>

1回転させてできる立体は、右の図のように底面の半径4cm、高さ2cmの円柱と底面の半径2cm、高さ2cmの円柱を組み合わせたものだから、

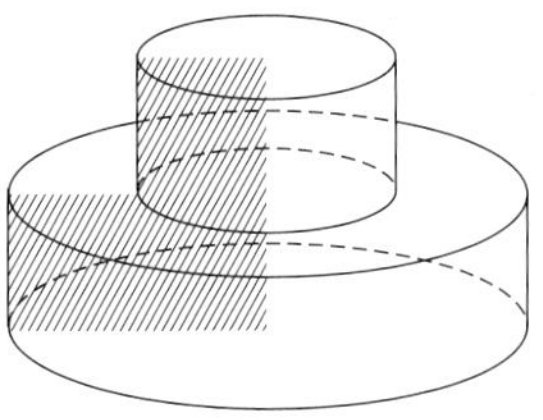

$16\pi\times2+2\times4\pi+2\times8\pi=$**$56\pi$(cm^2)**

右図の一番上にある小円の面積と、中段にあるドーナツ型の円の面積の和が、一番下にある大円の面積と等しいことに気づくと、計算の手間が大きく省けます。

次は、円すいに球が内接している問題です。

問題3

図のように、底面の直径BC=6cm、母線AB=5cmの円すいの中に、底面と側面に接する球が入っている。この球の半径と表面積を求めなさい。

(福岡大学附属大濠)

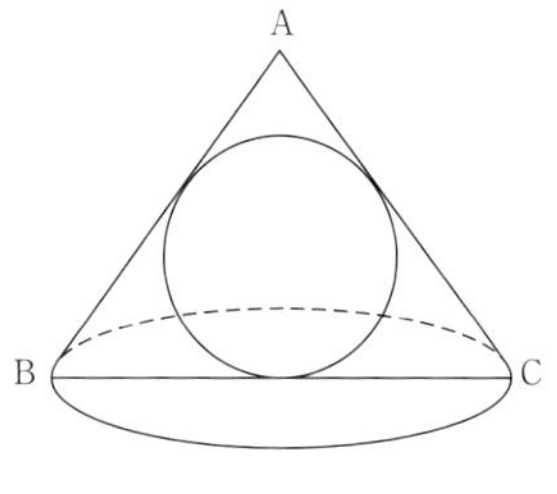

<考え方>

球の中心を通り、円すいの底面に垂直な面で切断した図をかいて考えます。

<解き方>

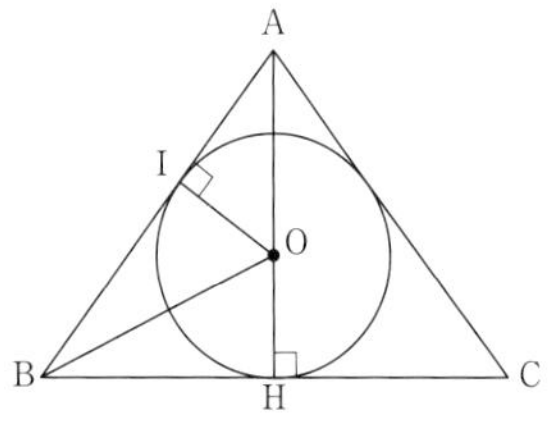

右の図の△ABHにおいて、AB=5、BH=3だから、三平方の定理よりAH=4cm

ここで、△AOI∽△ABHより、AO:OH=AO:OI=AB:BH=5:3

よって、$OH=AH\times\frac{3}{5}+3=4\times\frac{3}{5+3}=\frac{3}{2}$

これより、球の半径は**$\frac{3}{2}$(cm)**

また、この球の表面積は、$4\pi\times(\frac{3}{2})^2=$**$9\pi$(cm^2)**

最後に、円柱に正四面体が内接する問題も見ておきましょう。

問題4

1辺の長さが4cmの正四面体ABCDを、直径4cmの円筒形の容器に入れます。

右の図は、辺BDが円筒形の容器の底面に接するまで正四面体を入れた様子を真上から見たものです。

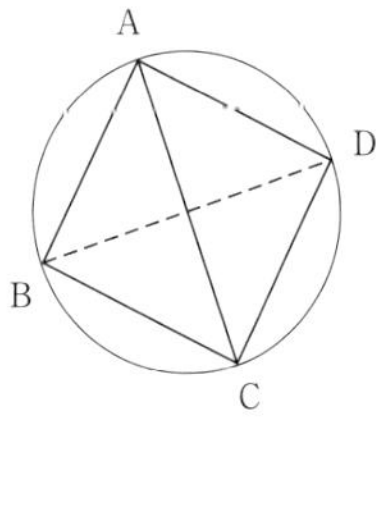

辺AB、CDの中点をそれぞれM、Nとするとき、次の問いに答えなさい。(東邦大学付属東邦)

(1) 線分MNの長さを求めなさい。

(2) この容器に水を入れ、正四面体を完全に沈めるためには最低何cm^{3}の水が必要ですか。

<考え方>

△MCDはMC=MDの二等辺三角形。また、直線AB⊥面MCDです。

<解き方>

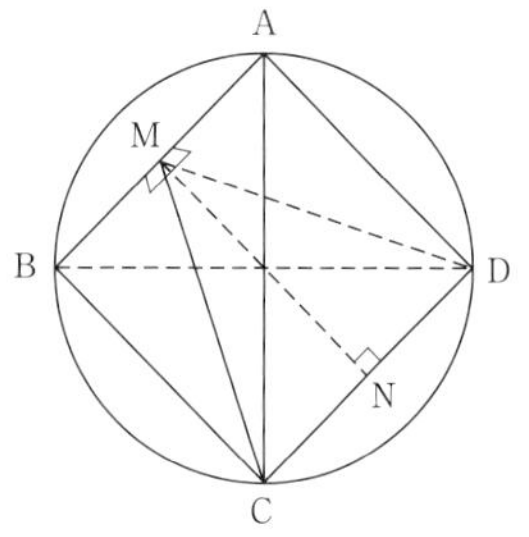

(1) 右の図において、MCは正三角形ABCの中線だから、

$MC=\frac{\sqrt{3}}{2}AC=2\sqrt{3}$

同様に、$MD=2\sqrt{3}$

よって、MNは二等辺三角形MCDの頂点からの中線だからMN⊥CD

ゆえに、三平方の定理より、$MN=\sqrt{(2\sqrt{3})^2-2^2}=$**$2\sqrt{2}$(cm)**

(2) 正四面体を完全に沈めたときの水面の高さは、辺BDと辺ACの距離と等しく、それは線分MNの長さと等しい。

よって、求める水の体積は、底面の直径4cm、高さ$2\sqrt{2}$cmの円柱の体積(V_1とする)から、正四面体ABCDの体積(V_2とする)を引いたものである。

$V_1=4\pi\times2\sqrt{2}=8\sqrt{2}\pi$(cm^3)

また、AB⊥MC、AB⊥MDより、直線AB⊥面MCD

よって、正四面体ABCDの体積は、△MCDを底面として、ABの長さを高さとする三角すいとして求めることができるから、

$V_2=\frac{1}{3}\times\frac{1}{2}\times4\times2\sqrt{2}\times4=\frac{16\sqrt{2}}{3}$(cm^3)

以上より、求める水の体積は、**$(8\pi-\frac{16}{3})\sqrt{2}$(cm^3)**

回転体については、その体積、表面積を求める公式がたくさんあるうえ、式もやや複雑です。それらの公式を正確に覚えることはもちろん、それを使いこなせるだけ計算力を養うことが必要です。

さらに立体の計算では、先月の問題と同様、相似と三平方の定理が大いに活躍します。これらの定理を正しく使うためにも、手早く適切な図がかけることが大切です。なかには問題にかかれている図に必要な図を付け加えるだけで解けるものもありますが、一方でわざと正確ではない図を載せている学校も少なくありません。また、図をかく手間を惜しんで、勘違いやミスを犯すことは避けなくてはいけません。また、問題3のように、問題を立体のまま考えるのではなく、平面図形に置き換えて考えなければならない問題もたくさんありますから、ぜひ図をかく習慣をつけましょう。

数学

楽しみmath 数学！DX

相似と三平方の定理を使って空間図形の問題を攻略

登木 隆司先生
早稲田アカデミー　城北ブロック ブロック長
兼 池袋校校長

空間図形の２回目として、今月は円柱、円すい、球などの回転体について学習していきます。

１問目は、平面図形をある直線を軸として回転させてできる立体の体積を求める問題で、なにが軸となっているかを確認したうえで、見取り図をかいて考えることが大切です。

問題１

図のような、AB＝3cm、BC＝4cm、AD＝2cm、∠BAD＝∠ABC＝90°の台形ABCDがある。この台形を、直線ABを軸として１回転させてできる立体をP、直線BCを軸として１回転させてできる立体をQとする。立体P、Qの体積を比較するとき、どちらが何cm^3大きいか。（栃木県）

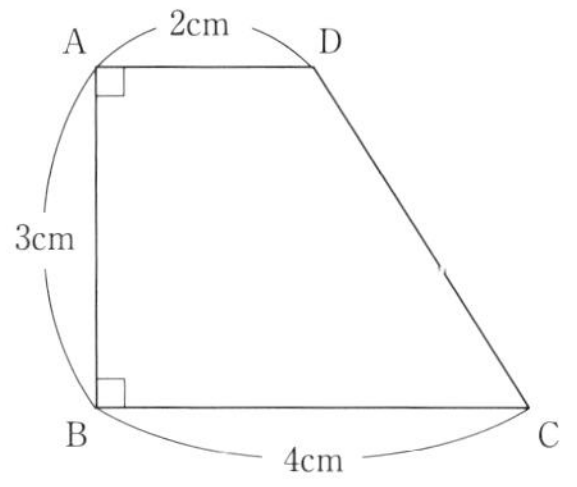

＜解き方＞

立体Pを考えるにあたり、ABの延長線とCDの延長線の交点をOとすると、△OAD∽△OBCより、OA＝3cmとなる

右の図のように立体Pは、底面の半径4cm、高さ6cmの円すいの上半分を切り取った円すい台だから、その体積をV_Pとすると、

$V_P = \frac{1}{3} \times 16\pi \times 6 - \frac{1}{3} \times 4\pi \times 3 = 28\pi$

また、立体Qは、底面の半径3cm、高さ2cmの円柱と、底面の半径3cm、高さ2cmの円すいを組み合わせたものだから、その体積をV_Qとすると、

$V_Q = 9\pi \times 2 + \frac{1}{3} \times 9\pi \times 2 = 24\pi$

よって、**立体Pが4π（cm^3）大きい**

立体P

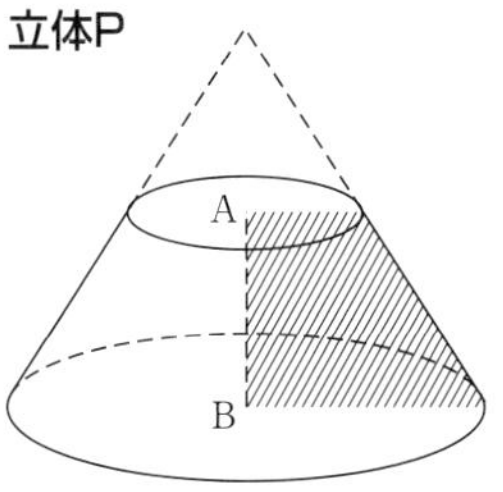

立体Q

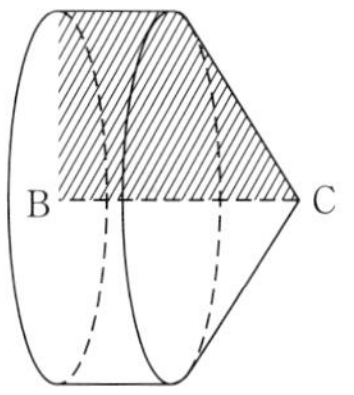

続いて、回転体の表面積を求めてみましょう。

問題２

右の図形を、辺ABを軸として１回転させてできる立体の表面積を求めなさい。（千葉県）

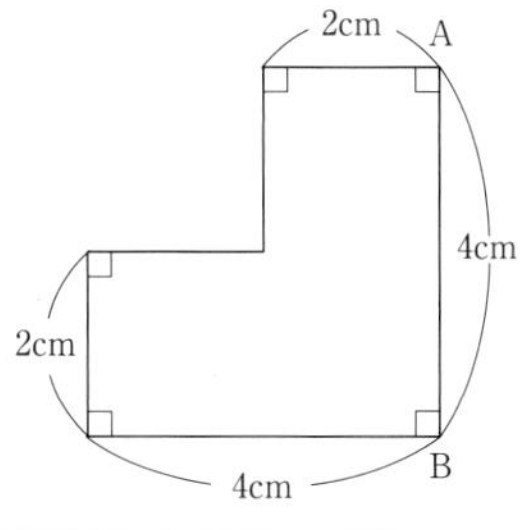

＜考え方＞

円柱や角柱の展開図をかくと側面は長方形になり、その縦の長さは立体の高さ、横の長さは底面の周の長さと等しい。

WASE-ACA TEACHERS

英語

ニュースな言葉

The Nobel Prize

川村 宏一先生
早稲田アカデミー　教務部中学課　上席専門職

科学技術の進歩の速さには目を見張るものがあります。2012年について言えば、京大・山中教授の「iPS細胞」作製によるノーベル賞受賞が大変な話題になりました。今回の英文は、ノーベル賞を受賞するということが「とてもすごいこと！」だと改めて感じられる文章です。では、英文を見てみましょう。

It usually takes at least ten years to receive a Nobel Prize after achievements are published.

少々長い英文のうえに、主語が'it'で始まっています。まずは、この'it'がなにをさしているか探さなければなりません。一見難しそうですが、この'it'の働きがわかればそれほど苦もなく訳せます。

'it'にはさまざまな用法がありますが、代表的なものが「それ」「そのこと」のような代名詞の働きでしょう。代名詞として用いられている場合、日本語と同様、英語でも'it（それ）'の内容が必ずどこかに隠れています。今回の'it'は「形式主語」と呼ばれ、本来の主語となる語、句、または節の代わりに主語の位置に存在している形式上の主語にすぎません。形式主語は不定詞句や動名詞句、疑問詞句、名詞節などに先行して、主語が長くならないようにするため用いられます。

では、この英文を直訳して本当の主語を探してみましょう。この英文の形式上の主語'It'の動詞は'takes'です。そのうしろにある単語の'least'は'little'の最上級ですが、'at least'で「少なくとも」という意味のイディオムを構成します。

It usually takes at least ten years／（それは通常少なくとも10年かかる）／to receive a Nobel Prize／（ノーベル賞を受け取ることは）

このように直訳すると、'it（それ）'がさしているのは'to receive a Nobel Prize（ノーベル賞を受け取ること）'だとわかります。'it'を使わないで'To receive a Nobel Prize usually takes at least ten years'としても間違いではないのですが、英語は頭でっかちを嫌うので、まず'it'を出して、そのあとに内容を持った実質上の主語を置くのが普通です。英語の場合、文頭の「それ」は、直前の文に書かれている物事や、すでに話題になった内容ではないときがあるので要注意です！では、全体を訳してみましょう。

It usually takes at least ten years／（それは通常少なくとも10年かかる）／to receive a Nobel Prize／（ノーベル賞を受けることは）／after achievements are published.（研究成果が公表されたあと）

今回の山中教授の「iPS細胞」に関する研究は、発表してから比較的早くノーベル賞を受賞するほどの医療技術開発だということがわかります。実用化への道のりはまだ険しいようですが、一刻も早い成果を期待してしまいますね。

文法のまとめ

「形式主語」の'it'が代表するものの多くは、不定詞、動名詞、that節などです。とくに英語長文読解では、'it … that～'という形でしばしば登場して、'it'がさす内容がthat以下に示されているパターンが多くあります。

It is a pity that Masami can't join my birthday party.

「マサミが私の誕生日パーティーに来られないのは残念です」となります。

同じく'it'と'that'が組み込まれる文に「強調構文」がありますが、'it'が'that'以下をさし示すという構造は同じです。まずは'it'のさす内容を探しながら英文を読み進めていきましょう。

ご提案型の教育旅行会社って？

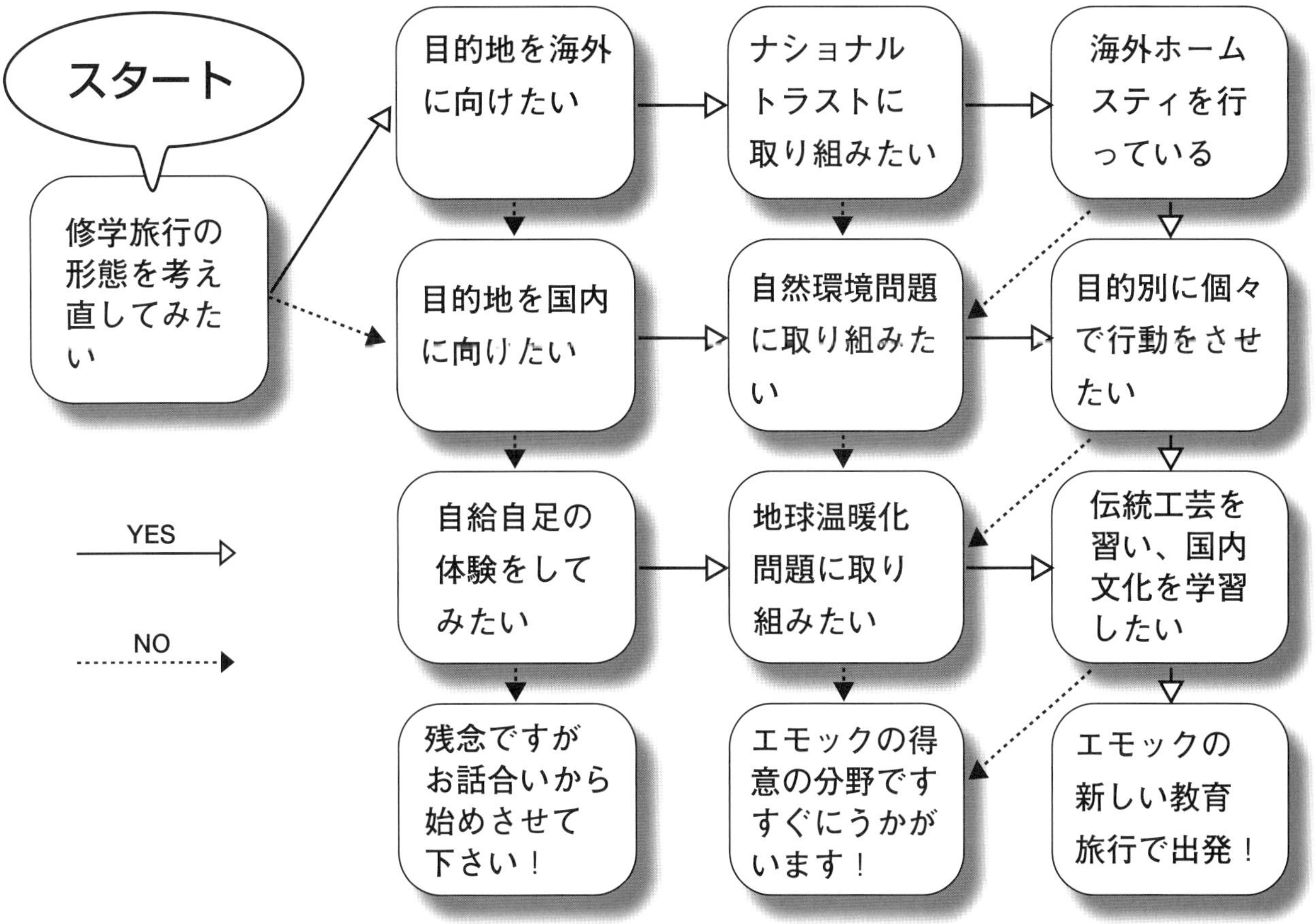
スタート
修学旅行の形態を考え直してみたい
目的地を海外に向けたい
ナショナルトラストに取り組みたい
海外ホームスティを行っている
目的地を国内に向けたい
自然環境問題に取り組みたい
目的別に個々で行動をさせたい
自給自足の体験をしてみたい
地球温暖化問題に取り組みたい
伝統工芸を習い、国内文化を学習したい
残念ですがお話合いから始めさせて下さい！
エモックの得意の分野ですすぐにうかがいます！
エモックの新しい教育旅行で出発！
YES
NO

従来の名所旧跡を訪ねる修学旅行から、最近ではさまざまなテーマを生徒個々または小グループごとにコンセプトメークしひとつの社会貢献の一環として、位置づける学習旅行へと形態移行しつつあります。

小社では国内及び海外の各種特殊業界視察旅行を長年の経験と実績で培い、これらのノウハウを学校教育の現場で取り入れていただき、保護者、先生、生徒と一体化した旅行づくりを行っております。

一例

- ●海、山、川の動物、小動物の生態系研究
- ●春の田植えと秋の収穫体験、自給自足のキャンプ
- ●生ごみ処理、生活廃水、産業廃棄物、地球温暖化などの環境問題研究
- ●ナショナルトラスト（環境保全施設、自然環境、道の駅、ウォーキング）
- ●語学研修（ホームスティ、ドミトリー、チューター付研修）など

ん。「たったひとつの正解」などというものは文章読解にはおそらく存在しませんし、「正解」はその文章を読んだ人の数だけ存在すると言えるかもしれません。

では、どうすればその文章に没入し過ぎないでいられるのでしょうか。そのためには、前述した、書いてあることと「距離をとりながら読む」ということが必要です。距離をとりながら読むということは、ある文章を読みながら、他方でその文章を「相対化」するということです。「相対化」とは「ほかのものとの関係のなかで捉えること」という意味です。つまり、自分が取り組んでいる現代文を「ほかのもの」と比べることが必要になってくるわけです。そこで頭に思い浮かべるべき「ほかのもの」にはどのようなものがあるのか。まずはその種類を知るところから始めなければなりません。そして、それらの知識を体系的に構造化し、読解における汎用性のある知識として運用できるようにすることが求められます。

例えばつい先日の授業で、「精神」をめぐる思索が展開する文章を前にし、これについて我々の側から批判的検証を加えることがありました。このとき、まずしなければならないことは、「精神」とは反対の概念を思い浮かべることでした。「精神」の対概念はなにか。それは「物質」です。すると、「精神」という概念は「物質」という概念との関係のなかで捉えればいいことになります。こういった、ある事象をそれと対称的な概念と並置することで検討する思考方法を「二項対立」または「二元論」と呼びます。独善的にならずに、関係のなかでものを考えようとするなら、どこかで二項対立を用いるしか方法はありません。先述した「ほかのもの」とは換言すると、「対概念」、要するに「対義語」のことです。

自分の頭のなかに座標軸があると思い浮かべてください。いま読んでいる文章を座標軸のどこに位置づけるのか、という「思考のための座標軸」をみなさんの頭のなかに構築することが必要です。高校３年間をかけて、その思考のための座標軸をより多く、より豊かなものにしていくことで現代文が「読める」ようになります。この文章読解のために頭のなかに「座標軸」を持つという比喩は、早大教授の石原千秋先生からの引用です。これは、正鵠《せいこく》を得たすばらしい比喩だと言えるでしょう。この座標軸を構築するためには、「対義語」の組み合わせをより多く知っておくということが大変有効です。文章の核となる対義語の組み合わせを抽出し、それを足がかりに文章を対立項に分類するということが「二項対立」を構造化するということです。この構造化ができるだけで、早大をはじめとする難関私立大学の問題文は難なく読め、設問にも答えることができます。

しかし、一朝一夕にはその座標軸を構築することはできません。じつは高校３年間の知識だけでなく、これまでの15年間の読書経験などがこの座標軸の形成に大きく影響をおよぼしてきます。より多くの読書経験を積むことは、この思考のための座標軸を豊かにするために、一見迂遠《うえん》に感じられるかもしれませんが、最短の方法なのです。

頻出テーマの学習の有効性

そうは言うものの、世の中には膨大な量の文章があります。それらのすべてに対応するための座標軸を身につけなければならないとしたら、とんでもないことになってしまいます。より多くの座標軸を持っていることがすばらしいことは言うまでもないですが、これからの高校３年間という限られた時間のなかでしらみ潰しに文章を読み漁るというのも非合理的です。そこで有効なのが、大学受験に「頻出のテーマ」についての学習です。

例えば、現在大学受験に出題されている現代文の多くは「近代」を問い直す「テーマ」を持ったものです。そしてこの傾向は現代文のみならず、小論文や英語の長文読解においても活用することができるものです。ですから、現代文において頻出テーマである「近代」についての座標軸を持っているということは、小論文や英語の長文にも役立つ知識となるのです。「近代」以外にも、「情報」「自己」「身体」「国家」などさまざまな頻出テーマがありますので、それぞれにおいての思考の座標軸を知り、読解の際に取り組んでいる文章との距離をとりながら読む方法を身に付けることによって、現代文は「読める」ようになります。

Success18の国語の授業の目的は、これらに共通する読解の背景知識、知的バックグラウンドを構築し、その運用方法を文章読解の記述演習によって身につけることです。さきほど早大をはじめとする難関私立大学は二項対立の把握のみで解けると述べましたが、記号式の私立大学入試はもちろん、Success18には東大をはじめとする国立大志望者も多く在籍しているので、最上位クラスは記述演習を中心に行います。その授業では知識の運用という点も重視しています。授業で身につけた活用できる裾野の広い知識は、みなさんにより大きな視野をもたらし、世界の見え方までも変えます。偏狭な世界観であったことを自覚し、自らの位置を「相対化」できる、自分の無知についての知識が「教養」だと信じています。Success18でみなさんに会えることを心から楽しみにしています！

梁山泊はかく語りき

英数国の担当責任者が各科目への新しい向き合い方を伝授します。

久津輪 直先生

早稲田アカデミーサクセス18ブロック
副ブロック長
兼　Success18渋谷校校長

開成・早慶附属高校合格者を多数輩出してきた早稲田アカデミー中学部が誇る、傑出した英語教師。綿密な学習計画立案と学習指導、他科目講師とチームとなって連携指導する卓越した統率力は、高校部門Success18校長として着任後も、遺憾なく発揮。2011年春の入試では、渋谷１校舎約130名の高３生から、東大22名、早慶上智大97名という歴史的快挙を達成。週末は、現役の開成必勝担当者として、その辣腕をふるっている。

一言一句を揺るがせにしない正確無比の言語解析、現代思想に対する透徹した内容理解、そして、古典世界を縦横に再現する該博な知識を武器に、現代文に古文・漢文と、あらゆる分野を最高度の水準で網羅する、早稲田アカデミーSuccess18国語科の若手実力派講師。着任初年度から池袋校最上位クラスを担当し、開成高校や筑波大附属駒場高校などの難関高生を相手に、渾身の授業を日々実践。週末は全校舎から選抜された精鋭の集う東大必勝講座を担当し、東京大学をはじめとする最難関大学を毎年多数合格させるのみならず、懇切丁寧にとことん生徒の面倒をみる早稲アカ魂も健在。詳細をきわめた添削指導や学習管理は、比べる者がいない。学部・大学院と一貫して研究に邁進した国語科教育法や教育心理学の最新知見も取り入れるなど、教科指導法の洗練にも手を抜かないSuccess随一の勉強家でもある。

はじめに

こんにちは。早稲田アカデミー高校部門Success18の久津輪直です。今回で３回目となる「梁山泊はかく語りき」。11月号では英語科・田中良平先生、12月号では数学科・白濱裕司先生、それぞれ各科目のSuccess18のトップ講師に登場してもらいました。第３回目となる今回は、国語科・古居美香先生です。現代文、とくに苦手とするかたも多いであろう論説文への取り組み方を中心に語ってもらいます。

はじめまして、Success18国語科の古居美香です。池袋校の高校１年生から３年生まで、全学年の最上位クラスを担当しています。さて、大学受験に必要な「国語」という科目には「現代文」と「古文」と「漢文」という３つの項目があります。これらは、国語という名の元でひとくくりにされながら、これらが対象とする話題や時代は大きく異なり、支えている論理と知識の序列をみてみると、まるで３つの異なる科目を扱っている観があります。大学入試では、いわば別科目とも言えるこれら３つをバランスよく学習することが求められます。今回はこのなかでもとくに、みなさんを「どうやって勉強したらいいのかわからない」「センスがなければわからない」と悩ませる「現代文」の学習法についてお話ししようと思います。

文章に没入せず距離を置くことが重要

拍子抜けするようなことを言いますが、私たちSuccess18の国語科の授業では、現代文の分野において、「どれだけ文章から距離を置くか」をめざしています。もちろんこれは、文章に扱われている字句の意味や、文章の構造理解をないがしろにする、ということではまったくありません。文章を精確に押さえ、論理のひだに寄り添い、書き手の伝えようとする思想の息づかいを肌理《きめ》こまかく把握する姿勢は、なによりも大切なものです。私たちがめざすのは、そのひとつ先。読みとった書き手の思想に、冷静に距離を置き、客観的な批評を加えられる段階にまで進むこと。文章に飲み込まれることなく、適切な間隔をとりながら思索を深めていく。そのような思考の方法を手に入れることをめざしています。「どれだけ距離を置くか」という一見逆説的な言葉には、こうした私たちの決意が込められているのです。では、いまなぜ大学受験の現代文読解にそれが必要なのか、本日はその理路について話を進めていこうと思います。

現代文が「読める」ようになるための第一歩は、文章に没入し過ぎないことです。現代文で与えられる文章には、重々しい語彙《ごい》と複雑にみえる思索が散りばめられ、読者である我々は、まるでそこに人間生活をめぐる唯一絶対の「正解＝真理」が描かれているかのように錯覚し、我々はそれをありがたく押し抱いて頂戴するかのように読み解かなければならないと思いがちです。とくにみなさんの多くが受験するであろう「大学入試センター試験」ではマークシート式の解答形式で、選択肢のなかから「たったひとつの正解」を探すものだと感じられるかもしれません。だから、文章で語られていることが「すべて」なのだと。しかしながら、文章に書かれていることはひとつの思想に過ぎませ

みんなの数学広場

問題編

答えは次のページ

TEXT BY かずはじめ

数学を子どもたちに、楽しく、わかりやすく、使ってもらえるように日夜研究している。好きな言葉は、"笑う門には福来る"。

初級～上級までの各問題に生徒たちが答えています。
どの生徒が正しい答えを言っているか当ててみよう。
もちろん、当てずっぽうじゃなく、実際に問題を解いてみてね。

上級

1000円の品物を交渉して1割引きを何度もお願いすることをしました。
つまり、1回目のお願いで1割引きの900円に。
2回目のお願いで900円の1割引きで810円に。
このお願いを何回ぐらいするとタダになる?

A
そんな都合のいい話はありません。
答え
タダにならない

B
直感ですが。
答え
70回

C
煩悩《ぼんのう》の数と同じです。
答え
108回

中級

15分ごとに分裂して個数が2倍に増えるバクテリアがある。
このバクテリア1個が1億個を超えるのは約何時間後?

A
意外とこんなものだよ。
答え
約7時間

B
半日くらい
かかるよね。
答え
約12時間

C
結構かかりますよ。
答え
約24時間

初級

“全能の神は、内角の和が180°でない三角形を作ることができるだろうか”と言ったのはだれでしょうか?

A
三角形の内角の和が
180°であることを
発見した人だよ。
答え
タレス

B
日本の和算家です。
答え
関孝和

C
哲学者でもあり
医者でもあった人
です。
答え
イブン・ルシュド

みんなの

数学広場

解答編

上級

正解は ▶ 答え **B**

1回につき0.9倍です。
つまり90%です。
さて…
0.9の65乗=0.00106111661
ですので、これに1000円をかけると1円が発生しますが、
0.9の66乗=0.000955004951
ですので、これに1000円をかけると、0.9円になり支払えません。

じつのところは、66回お願いすれば無料達成!!!

ちなみに、
0.9の70乗=0.000626578748
ですから、70回では、もちろん無料になります。

A

正解にしたいところですが
計算上タダになります。

B

C

煩悩の数は関係ないですね。

中級

正解は ➡ 答え **A**

これは、いわゆる倍々ゲームといわれるもので、電卓を使うとあっさり解答できます。
15分で2倍。30分で4倍。45分で8倍と言うように考えると…
2を10回かけた＝1024
2を20回かけた＝1048576（約100万）
ここから地道に2をかけると…
＝67108864（約6700万）
＝134217728（約1億3000万）
になりますので、15分×27回＝6時間45分で1億個を超えます。
したがって、7時間もあれば十分に1億を超えます。

A
たいへん
よくでき
ました
Congraturation

B
TOO BAD
半日もやったら電卓の桁数に
収まらない数ですよ。

C
TOO BAD
1日もやったらバクテリア
だらけになりパニックです！

初級

正解は ➡ 答え **C**

スペインのイスラム哲学者のイブン・ルシュドです。彼は、哲学者でもあり医学者でもあり、アリストテレス哲学の注釈を通じてイスラム教の信仰とギリシャ哲学との調和をはかった人です。数学も研究していたそうです。

A
TOO BAD
タレスこそギリシャ哲学の
全能の神に近い人ですね。

B
TOO BAD
この思想は和算ではないですね。

C
たいへん
よくでき
ました
Congraturation

中央大学

法学部

国際企業関係法学科4年

佐瀬《させ》 幸輝《こうき》さん

先輩に聞け!

大学ナビゲーター

現地の学生から大きな刺激を受けたボストン留学

イチローのように影響力がある人になりたい

——中大の法学部を志望したきっかけを教えてください。

「中学校でバスケットボール部に所属しており、高校では部活を思いっきりできる環境に行きたいと考え、付属校の中大杉並高校に入学しました。ちょうどそのころ好きでよく見ていたドラマの影響もあり、高校に入学するときから、将来は法律関係の仕事がしてみたいという気持ちがあったのですが、高3になって進路を選ぶときには、また違う理由で法学部を志望したんです。

　高3のときは留学に興味があり、中大は法学部にだけ『やる気応援奨学金』という留学支援制度があることを大学生の先輩から教えてもらいました。その制度は、ホームステイ先から通う大学まですべてを自分で決めることができます。なにをしたいか、なんのために行くのかなどを大学側にアピールし、名前の通り、やる気が試されます。高3のぼくにはそれがとても魅力的で、その制度を利用して海外に行こうと思ったのが、法学部を志望したきっかけです。」

——法学部の国際企業関係法学科ではどのようなことを勉強していますか。

「国際法という、国際間の紛争問題を取り扱う勉強をしています。法律だけでなく英語力も必要とされるので、英語の授業や英語での講義も非常に多くて充実しています。」

——法学部の留学支援制度を利用して留学はできましたか。

「1年生の後期から応募し続け、3回目のチャレンジでやっと試験に合格し、2年生の春休みの3カ月間でアメリカのボストンへ念願の留学をしました。試験は英語での書類審査や面接など厳しいもので、800人以上応募して実際に留学できるのは30人ほどです。留学するにあたっての目的は、英語力をあげることとボストンにあるハーバード大学などの超

ボストンのSt. Patricks Dayというお祭りの日の1枚

ボストンで仲のよかったクラスメイトとのお別れのとき

1 大学のおもしろい講義

大学３年のときの国際取引法という講義は、実践的で楽しかったです。新聞記事やテレビ番組から実際のビジネス事例を取りあげて、そこにはどのような人々が関わり、そのときどのような法的問題が起こりえるのかを考えます。大教室のなかでの生徒の発言の質と量が問われるレベルの高い講義でした。

2 得意科目と不得意科目

中学のころは数学が苦手でしたが、図形の問題はひたすら解いて解き方のパターンを覚えるようにしました。

英語も最初とても苦手だったのですが、塾に行き始め、英検準２級取得に向けて勉強することでできるようになりました。ただそのころは英語よりも、苦手な数学の方が問題を解くのが楽しくて好きでした。

3 高校時代の勉強法

高校ではバスケットボール部でキャプテンも務めていたため、普段は部活に集中していてなかなか勉強に時間が割けませんでした。そんななか、テスト前はノートを活用して勉強していました。声に出しながらひたすら書いて暗記します。暗記できたらチェックして、間違えたらまた始めから覚えます。どんどん暗記量が増えていき、テストのときにはノートが全部頭のなかに入っているようにしていました。

部活などで勉強時間がない人にお勧めの方法です。

4 シドニーでのインターン

ボストンでの留学で英会話はできるようになったので、仕事でも英語力を試してみたいと思い、オーストラリアのシドニーにインターンに行きました。

仕事内容は、現地のアジア人向けのケータイ会社での受付や電話対応です。これもとてもいい経験になりました。オーストラリア中に支店があったので、地域ごとに人気のケータイ会社を調べあげて、どのような人にどのケータイを勧めたらいいかという提案もしました。

一流大学の学生と話をしてみたいということでした。日本の大学生となにが違うのかを感じたいと思いました。」

――現地の学生と触れあってみてどうでしたか。

「昼間はボストンの大学内にある英語学校で勉強し、放課後はハーバード大学の学生や現地で知り合ったさまざまな学生と語りあい、交流しました。彼らはすごく勉強熱心で、目的意識も高かったです。彼らを見て一番いいと思ったのは、メリハリがあるところです。遊ぶときはすごく遊ぶし、時間があればずっと勉強していました。また、計画したことはその日のうちにでもやろうという実行力にも圧倒されました。物事をはっきりと言い、相手といい関係を築こうとするところにも感化されました。彼らからはとても影響を受け、いい経験になりました。」

――大学での経験を活かした将来の夢を教えてください。

「大学で勉強した法律の知識や身につけた論理的思考力を活かして会社を作りたいです。父が実業家ということもあり、高校のころからの夢です。自分がトップに立って創り出したものであれば熱が入り毎日が楽しくなると思います。イメージするのはぼくが憧れているイチロー選手です。彼は野球を通して子どもに夢を与え、野球をやりたい子どもを増やしています。ぼくもイチロー選手のようにだれかに影響を与えることのできる人になりたいです。」

――最後にこれから高校に進学する読者にメッセージをお願いします。

「中学生のころは自分の夢を言うと友だちは笑うかもしれません。でもそれは日本独特の風潮です。振り返ったときにその道を選んでよかったと思えるように、夢に直結した進路を選んでください。偏差値やその学校が有名かどうかはあまり関係なく、その学校のなにかが魅力的だと思ったらチャレンジした方がいいです。例えばぼくみたいに、ドラマで見てその世界に憧れたというのがきっかけでもいいと思います。おもしろそうだと思うものを見つけて、自分の進路と結びつけてみてください。」

ボストンで通っていた大学の周辺の様子

ミステリーハンターQの

歴男 歴女 養成講座

山本 勇

中学３年生。幼稚園のころにテレビの大河ドラマを見て、歴史にはまる。将来は大河ドラマに出たいと思っている。あこがれは織田信長。最近のマイブームは仏像鑑賞。好きな芸能人はみうらじゅん。

春日 静

中学１年生。カバンのなかにはつねに、読みかけの歴史小説が入っている根っからの歴女。あこがれは坂本龍馬。特技は年号の暗記のための語呂合わせを作ること。好きな芸能人は福山雅治。

ミステリーハンターQ（略してMQ）

米テキサス州出身。某有名エジプト学者の弟子。1980年代より気鋭の考古学者として注目されつつあるが本名はだれも知らない。日本の歴史について探る画期的な著書『歴史を堀る』の発刊準備を進めている。

EU誕生

ヨーロッパの地域統合体EU（欧州連合）の設立から20年。ヨーロッパの国々を結びつけたEUの成果と今後の課題を学ぼう。

勇 EUが創立されて2013年で20周年になるんだね。

MQ 1993年11月にマーストリヒト条約が締結されてEUが発足したんだ。正式名称は欧州連合と言うんだよ。

静 ヨーロッパのたくさんの国が加盟してるのね。どうして連合を作ったの？

MQ 第二次世界大戦後、世界はアメリカとソ連（いまのロシア）の2大国家の対立の時代に入ったんだけど、西ヨーロッパの国々も政治的、経済的な存在感を示すために、共同体を作る構想が出され、その結果、欧州共同体（EC）が発足したんだ。

勇 ECがEUの母体になったの？

MQ うん。1989年に東西ドイツが統一され、1991年にはソ連が崩壊してロシアが発足すると、より結びつきの強い連合を作ることになり、1992年に欧州連合条約が締結され、翌1993年11月にEUが誕生したんだ。

静 いくつの国が加わったの？

MQ 最初はECに加盟していたイギリス、イタリア、フランス、ドイツなど12カ国が母体になったんだ。だから、EUの旗には12の星が描かれている。その後、東欧の国々も加わって現在は27カ国が加盟している。

勇 じゃあ、最初の目的のように大きな発言権を持っているんだね。

MQ そこがなかなか難しい。ソ連は崩壊し、アメリカの一極支配なんて言われるけど、EUは各国の意見の調整が難しく、必ずしも、国際社会で確固たる政治的発言ができているとは言いがたいんだ。

静 じゃあ、経済的にはどうなの？

MQ 1998年5月に欧州中央銀行が設立されて、翌年正月から単一通貨「ユーロ」が導入された。

　当初はうまくいってたんだけど、アイルランド、ギリシャ、イタリア、スペインなどで相次いで通貨危機が勃発、ドイツやフランスが救済に乗り出すとともに、こうした国には緊縮財政を求めているけど、国民の反発を受けている。

　この危機は世界経済にも悪影響を与えていて、日本にも打撃があるんだ。

勇 うまくいかないんだね。

MQ でも、EUは2012年のノーベル平和賞を受賞したんだよ。第二次世界大戦後のヨーロッパの平和と協調を実現したと評価されたんだ。真価が発揮されるのは、これからかもしれないね。

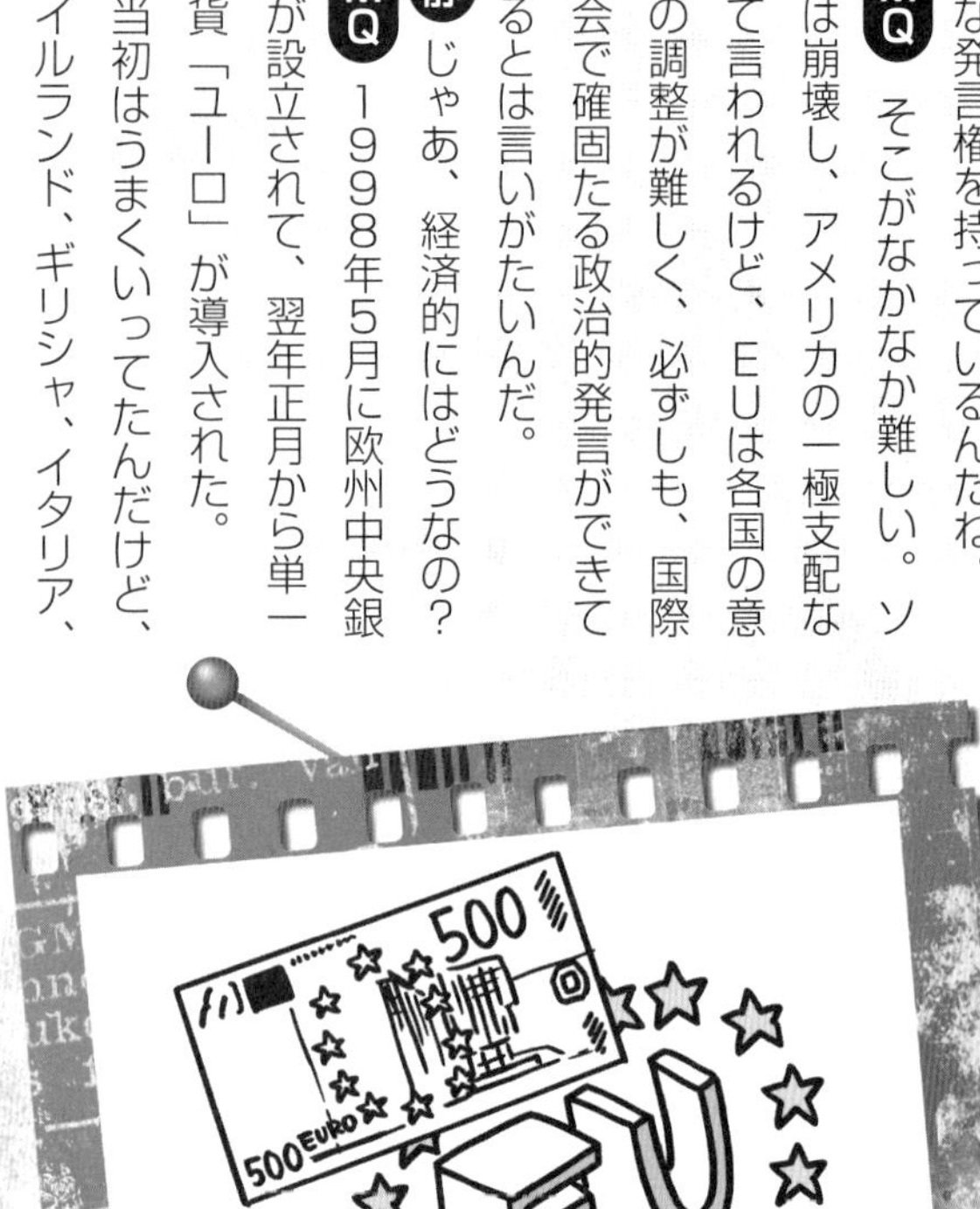

教えて！マナビー先生

プロフィール

日本の某大学院を卒業後海外で研究者として働いていたが、和食が恋しくなり帰国。しかし科学に関する本を読んでいると食事をすることすら忘れてしまうという、自他ともに認める“科学オタク”。

世界の先端技術

がんワクチン

自らの免疫力を高めて
がん細胞を攻撃する

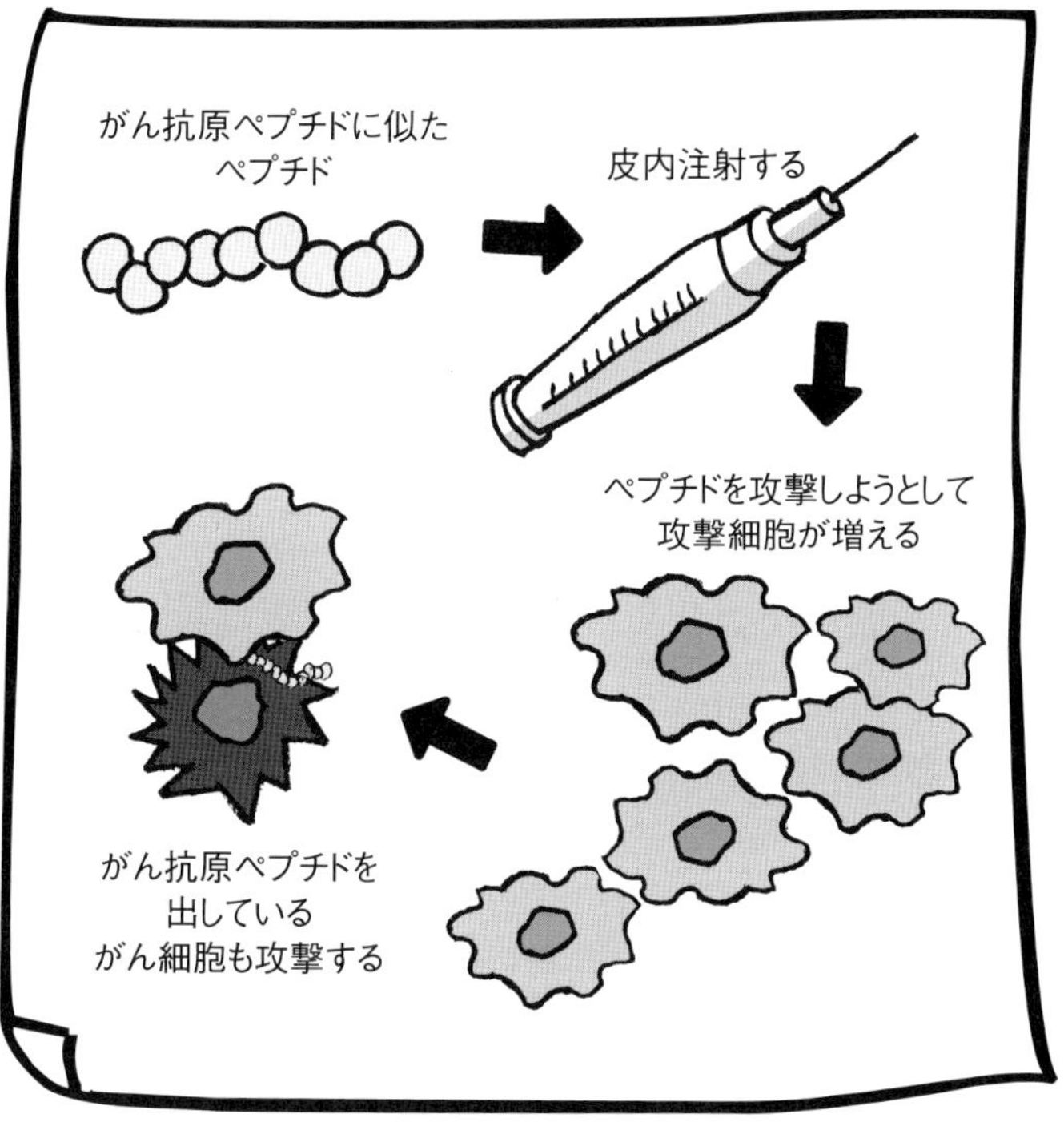
がん抗原ペプチドに似たペプチド
皮内注射する
ペプチドを攻撃しようとして攻撃細胞が増える
がん抗原ペプチドを出しているがん細胞も攻撃する

がん、日本人の２人に１人がかかると言われている病気だ。このがんの新しい治療方法が、今回紹介する「がんワクチン治療」だ。

ワクチンと聞くとインフルエンザのワクチンを思い出す人が多いのではないかな。インフルエンザにかからないための予防として多く使われている。

「がんワクチン」はちょっと違って、予防するというより治療するためのワクチンだ。人の持つ免疫力を高め、がん細胞を攻撃する。いままでのがん治療に比べて副作用が少なく、少しでも長く生きていけるようにする効果があるんだ。

私たちの身体には免疫機能が備わっている。ウイルスなどが侵入すると、異物の監視が役割の細胞から、異物を攻撃する役割の細胞に指令が届き、ウイルスなどを攻撃するようにできている。がん細胞も異物の一種なんだけど、一般のウイルスと違ってがん細胞の増える速度は速く、増え続けてしまうために攻撃細胞の数が足りなくなり、がん細胞をなくすことができないから短い時間で重症化してしまう。その攻撃細胞を大量に増やし、がんを攻撃するために開発されたのが、がん(ペプチド)ワクチンだ。

このワクチンには「ペプチド（アミノ酸の結合物）」と言うたんぱく質の一部分を入れてある。このペプチドはがん細胞から出ているがん抗原ペプチドに似た形をしているので、監視役の細胞が異物と判断し、攻撃役の細胞に指令を送る。攻撃役の細胞そのものもペプチドにより異常事態と認識し、細胞の数を増やす。そうやって増えた十分な数の攻撃細胞が、がん細胞への攻撃も行う仕組みだ。攻撃細胞がペプチドの形に似たがん細胞だけを選択的に殺すことで副作用も少ないわけだ。

このように有効なワクチンだけれど、日本ではまだ承認されていないので、薬として一般の病院では使うことができない。治療を受けようとすると、臨床研究に参加する形での利用が唯一の方法になっている。研究段階にあるのですべてに効果があるというわけでもないという側面もある。

でも、今年か来年には承認されるようだ。早く研究、承認が進み、がんで苦しんでいる人の多くにこの治療法が使えるようになるといいね。

頭をよくする健康

by FUMIYO
ナースでありママでありいつも元気なFUMIYOがみなさんを元気にします！

今月のテーマ　チョコレート

ハロー！　FUMIYOです。勉強の合間、気分転換にお菓子を食べたことってみんなあるよね。息抜きに買ってきたお菓子をちょっとひと口のつもりが全部食べちゃった、なんてことがあったりね。受験シーズンになると「チョコレートが頭にいい」なんてフレーズを見たりするよね。でもそれってホント？　ということで、今月のテーマは「チョコレート」です。

チョコレートの原材料は、みんなも1度は聞いたことがあるカカオです。カカオ豆の学名は「テオブロマ・カカオ」といい、18世紀スウェーデンの科学者リンネによって名づけられました。テオブロマとは、ギリシャ語で「神の食べもの」という意味だそうです。

チョコレートには、カカオポリフェノールや良質の脂肪分、食物繊維など、さまざまな薬効成分が含まれていて、大昔、ヨーロッパに持ち込まれた当時は、薬屋さんで売られていたそうです。

「神の食べもの」チョコレートに、頭がよくなる成分が入っていないかと調べてみると、なんと脳を活性化させる成分が含まれていました！

テオブロミン…大脳皮質を刺激して、集中力・記憶力・思考力を高め、やる気アップ。自律神経を調節する作用があり、リラックス効果も。

ブドウ糖…脳の唯一の栄養素。脳を働かせるエネルギー源であり、脳の神経伝達物質(アセチルコリン)の材料。

香り成分…チョコレート特有の香り成分は、中枢神経に作用して集中度を向上させる作用あり。

ビタミンなど…ビタミン類（ビタミンE・ナイアシンなど）、ミネラル（カルシウム・マグネシウム・亜鉛・リンなど）は、脳の代謝に必要な栄養素。

おいしいだけでなく、脳を活性化してくれる成分もたくさん含まれている、夢のような食べものですね。

では、チョコレートを食べるタイミングはいつがいいのでしょうか？

食べるタイミングは、「テストの始まる1時間前」です。チョコレートを食べたあと、1時間くらいで血糖値がピークになり、2時間後には徐々に下がっていきます。また、食べる量は、板チョコで4分の1～2分の1程度がいいようです。食べ過ぎると、テスト中、睡魔に襲われてしまうこともありますので気をつけて。

さぁ、勉強の前にちょこっとチョコレートを食べてもうひと踏ん張り、頑張りましょう！

Q1 脳に栄養(ブドウ糖)を1番多く届けてくれるチョコレートは？

①ホワイトチョコレート　②ビターチョコレート　③ミルクチョコレート

正解は③のミルクチョコレートです。

ミルクチョコレートは、ミルクとお砂糖が含まれており、フドウ糖やカルシウムが十分入っています。空腹時にたくさん食べると、気持ちが悪くなることもあるので気をつけましょう。ちなみに、ホワイトチョコレートには、テオブロミンが含まれていません。

Q2 昔、チョコレートはあることに使われていました。それはなんでしょう。

①薬　②化粧品　③洗剤

正解は①の薬です。

中米では、チョコレート(カカオ)と薬草を混ぜていろいろな病気の治療に使われていました。食欲不振や、解熱、歯痛、喉の炎症などに使われていたようです。現在では、カカオに含まれるポリフェノールが活性酸素を原因とするトラブルを予防したり、撃退する仕組みが解明されてきています。

第35回

あれも日本語　これも日本語

月のいろいろな呼び方 下

前回に引き続き、7月から12月までの月の別名だ。

7月は「文月《ふづき》」。「ふみつき」ともいう。なぜ「文」の字をあてるかは不明だが、七夕があったり、本を虫干ししたりするからともいわれている。「女郎花月《おみなえしづき》」「七夕月《たなばたづき》」というい方もあるよ。7月は旧暦では秋なので「涼月《りょうげつ》」ともいわれる。

8月は中秋。「葉月《はづき》」だ。

8月の「は」と葉の「は」を兼ねたとの説もあるが、いまの10月にあたるので、紅葉、あるいは落葉からつけられたとの説が有力だ。「秋風月《あきかぜづき》」「雁来月《かりきづき》」などともいう。秋が深まっていく感じが出ているね。月が美しい月なので「観月《かんげつ》」ともいう。

9月は旧暦の最後の秋。「長月《ながつき》」。語源は「夜長月《よながづき》」の「夜」を省略したからといわれる。別に「菊開月《きくさきづき》」「紅葉月《もみじづき》」などの季節を象徴する名前もある。たんに「菊月《きくづき》」ともいうよ。

10月は「神無月《かんなづき》」。

10月には全国の神様が出雲(島根県)の出雲大社に集まるので、神様がいなくなってしまうことから、「神無月」となったといわれる。逆に出雲地方では全国の神様が集まるので、「神在月《かみありづき》」ともいう。「時雨月《しぐれづき》」「初霜月《はつしもづき》」という別名もあるよ。

11月は「霜月《しもつき》」。

文字通り、霜が降りる月だからだ。「神楽月《かぐらづき》」「雪待月《ゆきまちづき》」なんていい方もある。「神楽月」は各地で、豊作を感謝してお祭りが行われるからだよ。

12月は「師走《しわす》」。

1年の最後で、忙しく、いつもは落ち着いている先生も走るからと思いがちだけど、「師」はお坊さんのことなんだ。僧侶が仏事で走り回る月という意味だ。

また、僧侶ですら年を越すために金策をしたり、大晦日の除夜の鐘や正月の初詣などの準備で忙しいからだとの説もある。1年の最後だから「極月《ごくげつ》」「臘月《ろうげつ》」といういい方もある。

新年になると、「昨年12月」という意味で「旧臘」といういい方があるけど、この「臘」は「臘月」のことなんだ。

月の別名、覚えておくとなにかと便利だよ。

サクニュー!!
ニュースを入手しろ!!

産経新聞
編集委員 大野敏明

今月のキーワード

国連安全保障理事会 検索

内戦状態が続くシリア問題を解決するため、国連安保理は再三、シリアのアサド政権への制裁を提案していますが、ロシアと中国の拒否権にあって、採決できずにいます。

この結果、シリア紛争終結に対して国連はなにもできず、安保理の存在の意味が問われています。

安保理とは正式には国際連合安全保障理事会のことです。国連のなかで、加盟国を法的に拘束できる数少ない権限を持った理事会です。

第二次世界大戦の戦勝国であるアメリカ、ロシア、イギリス、フランス、中国の5カ国が常任理事国です。非常任理事国は10カ国で、選挙で選ばれます。非常任理事国はアジア2カ国、アフリカ3カ国、中南米2カ国、西ヨーロッパ2カ国、東ヨーロッパ1カ国に割り当てられており、任期は2年です。

2013年1月現在の非常任理事国はパキスタン、トーゴ、モロッコ、グアテマラ、アゼルバイジャン、オーストラリア、ルクセンブルグ、アルゼンチン、ルワンダ、韓国です。オーストラリアは西ヨーロッパに、アゼルバイジャンは東ヨーロッパに分類されています。

常任理事国は拒否権を持っています。安保理は15カ国中9カ国以上の賛成で、国連としての意思決定を行うことができるとされていますが、常任理事国の1カ国でも反対すると、決議は否決されます。これを拒否権の行使と言います。

安保理が第二次世界大戦終戦時の国際情勢を基本に構成されているためで、多くの国から改革の必要性が叫ばれています。

改革案としては、拒否権の廃止、常任理事国制度そのものの廃止、あるいは日本、ドイツ、インド、ブラジルなどを常任理事国に加える、などがあります。

とくに日本は過去10回、20年にわたって非常任理事国として安保理に参加してきました。これはブラジルと並んで最多です。このため、日本の常任理事国昇格に賛成する国も少なくありません。

国連安全保障理事会(アメリカ・ニューヨーク)
AFP=時事　撮影日:2011-07-13

しかし、こうした改革も常任理事国が1カ国でも反対したら成立しません。したがって改革が行われる見通しは立っていません。

現在の国際社会は、シリア問題に限らず、北朝鮮問題、中国と東南アジアの問題、アフリカの新興国の問題など、さまざまな問題を抱えています。しかし、緊急性の高い問題に対して、安保理はなかなか意思の決定ができません。今後、どのような対応をとることができるのか、大きな課題になっています。

『子どものためのライフ・スタイル
考える練習をしよう』

著／マリリン・バーンズ
絵／マーサ・ウェストン
訳／左京 久代
刊行／晶文社
価格／1650円+税

『子どものためのライフ・スタイル　考える練習をしよう』

考えるってどういうことだろう 頭を柔らかくする練習をしよう

いま、うまくいかないことがあったり、なにかに悩んでいる人はいないだろうか。考えても考えてもいい答えが見つからなくて、そのせいで「自分はダメだ」と思ってしまったり。

そんなときには、考え方や見方を変えてみてはいかがだろうか。どうすればいいかって？　頭を使うんだ。でもこれまでに散々使ってきたよって思うかもしれないね。では、その頭の使い方を変えてみよう。

「コロンブスの卵」の話は知っているかな。ヨーロッパから初めてアメリカ大陸に上陸したコロンブスが、あるとき周りの人に「ゆで卵をテーブルの上に立てるにはどうすればいいか」と尋ねた。周りの人はみんなできないと言ったけれど、彼はゆで卵の先っぽのカラを割って立ててしまった。「なんだ、そんなことか」と周りの人は言ったけれど、実際に言われるまで、だれも気づかなかった。それは「卵を立てることなんてできない」という思い込みがあるからだよね。

みんながすでに知っていることや、これまで経験したことにとらわれずに考えるクセをつければ、そこには新しいアイディアが待っているかもしれない。

今回紹介する『考える練習をしよう』には、「これまでの考え方、見方」にとらわれないように頭を使うためのヒントやトレーニング方法が詰まっている。

実際に読んでみると、言葉づかいは優しく、絵もたくさん使われている。だからといって小さな子ども向けの本だ、なんて思わないように。読めば読むほどおもしろくなっていくはずだ。

中学3年生は高校入試が間近に迫っているけれど、受験勉強にもきっと役に立つはず。これまで解けなかったような問題に対して、発想の転換1つで解答への道筋が見えてくるかもしれない。

もちろん、息抜きに読むのもいいだろう。友だちといっしょにできるトレーニングもあるので、自分1人だけじゃなくて、友だちと楽しみながら読むこともできるぞ。

SUCCESS CINEMA

サクセスシネマ vol.35

もし、心と身体が入れ替わったら…

秘密

1999年/日本/東宝/監督:滝田洋二郎/

「秘密」ブルーレイ発売中
4,935円(税込)　発売元:TBS
販売元:TCエンタテインメント

クライマックスで明かされる「秘密」

人が生きている証は肉体が生きていることなのでしょうか。それとも、心や魂が生きていることがその人の生ける証なのでしょうか。

不慮のバス事故で杉田平介(=小林薫)の娘・藻奈美(=広末涼子)と妻・直子(=岸本加世子)が意識不明の重体に。そして、妻は亡くなってしまうのですが、その妻が亡くなる直前に娘の手をつないだことが原因なのか、死んだはずの妻の心が、危篤状態を脱して目を覚ました娘のなかに入っていたのです。元気な姿の娘の肉体と、そのなかで生き続ける妻の魂との狭間で、父であり夫である平介は複雑な日々を過ごします。

彼はだれが生きていると感じ、だれを失ったと感じているのでしょうか。魂か肉体か—。その答えは、衝撃のクライマックスで明らかになることでしょう。そして、タイトルとなっている『秘密』という題名の本当の意味も明らかになるはずです。原作は東野圭吾の人気小説。2007年にはリュック・ベッソン制作によるリメイク版のフランス映画「秘密～The Secret」も公開されました。

フェイス/オフ

1997年/アメリカ/パラマウント映画/監督:ジョン・ウー

「フェイス／オフ」ブルーレイ発売中
2,500円(税込)
発売元:ウォルト・ディズニー・スタジオ・ジャパン

両雄の熱演光るアクション映画

こちらは、心と身体を故意にすり替えたことでストーリーが始まるアクションムービーです。

テロリストの捜査を極秘で進めるFBI組織の捜査官が、捜査のためにあえて凶悪犯の顔を自らに埋め込み、決死のおとり捜査に乗り出します。

しかし、思いもかけぬアクシデントの連続で、犯人グループだけではなく家族や仲間をも巻き込み、事態は複雑な状況を生み出します。

もし、家族や友人などのごく身近な人が、まったく正反対の人格にすり替わったとしたら、あなたはどう感じるでしょうか。はたして、その事実に気付くことができるでしょうか。

凶悪犯のキャスター役をニコラス・ケイジが、FBI捜査官のショーン役をジョン・トラヴォルタが熱演。互いに人格が入れ替わったときには、目つきや立ち姿だけでなく、彼らが醸し出すオーラさえも異なって見えるような演技は圧巻です。「ミッション・インポッシブル2」などを手掛けたジョン・ウー監督のハリウッドにおける出世作となりました。

転校生
さよなら　あなた

2007年/日本/角川映画/監督:大林宣彦

「転校生　さよなら あなた」
DVD発売中　4,935円(税込)
発売・販売:角川書店

もしも男と女が入れ替わったら!?

『おれがあいつであいつがおれで』という山中恒の児童文学からとったセカンドタイトルが印象的だった1982年の映画「転校生」から15年後、舞台を広島県から長野県に変えたリメイク版として、2007年に再び大林宣彦監督が本作を送り出しました。

ストーリーは転校生としてやってきた斉藤一夫と、その幼馴染の斉藤一美の心と身体が、池で溺れかけたのをキッカケに入れ替わってしまうというもの。心と身体が入れ変わることで、当然、それぞれの家庭環境や学校生活もガラリと一変します。年ごろの2人が、戸惑いながらもお互いに助けあって危機を乗り越えていく姿をコミカルに描いており、前半は笑いのある和やかなシーンが続きます。

ところが、そんな2人を待ちかまえていたのは運命のいたずらとも言える事態でした。2人はそれぞれの立場でどう向きあっていくのでしょうか。ここが、映画の最大の見どころでもあります。

大人になりきっていない思春期の少年・少女だからこそ通じあえるきずなの強さ、信頼関係が光ります。

Success Ranking
サクセスランキング

歴代内閣総理大臣在任日数ランキング

12月16日投開票の衆議院議員総選挙を間近に控え、政治への関心が高まっている。投票できるのは20歳以上の大人なので、中学生のみんなにはまだ選挙権はないけれど、とてもいい機会なので日本の政治の仕組みや歴史を復習してみよう。今回は内閣総理大臣の在任日数ランキングだ。１番長く在任した首相と、１番在任期間が短かった首相はだれか知っていたかな。

内閣総理大臣在任期間（長期間）

順位	名前	日数
1	**桂太郎**	**2886日**
2	佐藤栄作	2798日
3	伊藤博文	2720日
4	吉田茂	2616日
5	小泉純一郎	1980日
6	中曽根康弘	1806日
7	池田勇人	1575日
8	西園寺公望	1400日
9	岸信介	1241日
10	山県有朋	1210日
11	原敬	1133日
12	大隈重信	1040日
13	近衛文麿	1035日
14	東條英機	1009日
15	松方正義	943日
16	橋本龍太郎	932日
17	田中角栄	886日
18	鈴木善幸	864日
19	海部俊樹	818日
20	田中義一	805日

内閣総理大臣在任期間（短期間）

順位	名前	日数
1	**東久邇宮稔彦**	**54日**
2	羽田孜	64日
3	石橋湛山	65日
4	宇野宗佑	69日
5	林銑十郎	123日
6	鈴木貫太郎	133日
7	阿部信行	140日
8	犬養毅	156日
9	清浦奎吾	157日
10	米内光政	189日
11	高橋是清	212日
12	芦田均	220日
13	幣原喜重郎	226日
14	平沼騏一郎	238日
15	小磯国昭	260日
16	細川護熙	263日
17	鳩山由紀夫	266日
18	片山哲	292日
19	広田弘毅	331日
20	麻生太郎	358日

高校受験 ここが知りたい Q&A

checkしよう!

Question

公立高校と私立高校、大学附属高校の違いはなんですか？

受験する高校の方向性として、公立高校にするか私立高校にしたらいいのか悩んでいます。私立の大学附属校にもひかれています。大学附属校にもいろいろあるそうですが、その内容を教えてください。

（杉並区・中2・K.S）

Answer

大学受験の有無などさまざまです 自分に合った学校を探しましょう

将来的に大学へ行くことを考えているのであれば、公立高校の場合には大学受験が必要になります。私立校でもそうですが、そのうち大学附属の学校は、受験を経ることなく、その系列大学に推薦入学することができる場合も多いのがメリットです。

おたずねの大学附属校の中身ですが、附属校といっても、その態様はさまざまです。高校において学校の成績が一定の基準をクリアできれば、ほぼ全員がその系列大学に進学できる、いわば完全附属の学校もあります。また、全員が推薦で系列大学に進学するのではなく、在籍者の半分程度が推薦で進学する半附属の形の学校もあります。推薦で進学しない場合には、他大学を一般受験して大学受験することになります。

これらは学校によって内容が異なります。各校の進路状況を学校案内やパンフレット等で確認して調べてみましょう。

学校を選ぶ際には、進学の状況も大切ですが、同時に各校の校風や学校生活の様子を調べ、自分に合っているかどうかを考えてみることも大事なことです。学校の詳しい内容は、なかなかわかりにくい面もあるかもしれませんが、塾の先生に聞いてみたり、実際に足を運んでみたりして、いろいろな視点から各高校について調べて志望校を選択していきましょう。

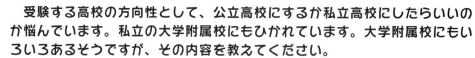

受験情報

monthly topics 1

東京公立

都中学生の高校進学率は約98%

東京都教育委員会は、2011年度公立中学校卒業者（2012年３月卒業）の進路状況調査の結果を発表した。

都内公立中629校の調査で2012年５月１日現在。卒業者数は7万6109人で、前年度の7万4271人に比べ1838人増加。高校進学率は97.70%。前年度97.63%に比べ0.07ポイント増え、過去最高となった。進学者は7万4359人（97.70%）で、前年度7万2508人（97.63%）と比べ1851人増加し、進学率も0.07ポイント増。全日制進学者は6万8368人（89.83%）で、前年度6万6504人（89.54%）と比べ1864人増え、進学率も0.29ポイント増加した。内訳は都内公立が4万1508人、私立が2万3325人、国立が280人で、都外（他県）への進学者は3255人だった。

monthly topics 2

東京私立

都内私立高校入学支度金貸付制度

公益財団法人東京都私学財団では、2013年4月に都内の私立高校等に入学する生徒、保護者の負担を軽減するため「私立高等学校等入学支度金」の貸付事業を実施する。この事業は学校が保護者に入学支度金を無利息で貸付するもので、在学中に分割で返済する。保護者が都内に居住していることが条件で、貸付額は１人あたり一律20万円（無利息）。合格決定後、必要な費用を支払う前に入学する学校に直接申し込む。問い合わせは、入学する学校、または公益財団法人東京都私学財団（電話03-5206-7926）。

Column 75

15歳の考現学

海陽の高校入試随時実施にみる柔軟性と日本のグローバル人材養成を阻む壁

森上《もりがみ》 展安《のぶやす》

森上教育研究所所長。1953年、岡山県生まれ。
早稲田大学卒業。進学塾経営などを経て、1987年に「森上教育研究所」を設立。
「受験」をキーワードに幅広く教育問題をあつかう。近著に『教育時論』(英潮社)や『入りやすくてお得な学校』『中学受験図鑑』(ともにダイヤモンド社)などがある。

柔軟に高校入試枠を考える学校が出てきている

海陽学園が編入試験を今回だけ行うと公表しています。海陽学園とは愛知県蒲郡にある全寮制の男子校でJR東海、トヨタ自動車、中部電力という名古屋財界の肝いりで創立された学校です。

今春、最初の卒業生を出し、いきなり東大12名合格で世間を驚かせました。ただ、現中2、中3、高1は、中学受験の時点で及第点に達して入学した生徒が定員に満たず、12月23日に編入試験を臨時に行って足らざるを補うというわけです。やはり実績のある学校に入ることは、実物の合格生が学校と寮、つまり1日の生活のほぼ全領域にわたって範を示してくれるのですから、魅力があります。

海陽の場合、初代校長が開成校長もされた伊豆山健夫校長であったので、高校入試などでも一部入学生をとることについて、開成同様十分な知見を持っていて、現体制にもそれが受け継がれての政策と思います。

この海陽の事例を見ていて考えることが2つありました。

1つは、こうした名門校でも中学受験で一定の水準ご定員を満たすことはときとして難しくなっている。経済の事情が悪くなり、6カ年の学費の負担が厳しくなるからですね。

そこで、例えば海城の例に見るように高校募集は廃止する一方で、転編入試枠や帰国子女受け入れを強化する、という方向をとる。つまり、言葉が適切かどうか分かりませんが、流動的な受け入れ体制をつくる、という対応策が生まれてきます。

海陽の編入試の臨時実施ということも、いわばこうした柔軟な受け入れ方策の1つの現れとしてみるとより理解しやすいと思います。

グローバル人材養成に向け考えておきたいこと

ところで海陽も海城もグローバル人材の育成ということを学校教育の1つの柱にしている点で共通しています。

そのグローバルという視点が、考えたことのもう1つで、それは単に欠員補充という、いわば消極的対応の観点からではなくグローバル化対応という積極的な方策としてこれからの学校運営につなげてほしい、ということです。

というのもグローバル人材養成と

いう点からいえば、典型例がインターナショナルスクールですが、このインターナショナルスクールは、むしろ転編入が常態で、いっせいに一時に入学し卒業する、というのは量的にはそうですが、本質的には家族、保護者の転勤（といっても国際的なものですが）に合わせて各国のインターナショナルスクールに転編入ができるようになっています。

しかし、日本の進学システムは、いっせいに入学し、いっせいに卒業し、いっせいに入社するといういわゆるトコロテン方式を永らく維持してきていて、そのスタイルが効率よかった時代のままになっています。

けれどもさまざまな理由でこの進学システムにほころびが出始めていて、典型例がこうした不況、少子化による定員充足率未達という学校運営に出てきていると考えられます。

むしろこれからはグローバル人材養成に対応した、流動的な入転学が可能なインターナショナルスクール方式を取り入れていくべきではないか、と思います。

ところでグローバル人材養成という点で東京都が留学生支援で大きなサポート体制とそのための予算を組みました（事業名「次世代リーダー育成道場」）。よい意味で都らしい決断だと思いますし、地方自治体独自の取り組みとして大きく評価されることだと思います。

そこでこの機会にぜひ考えていただきたいのが、グローバル人材養成という観点からの、日本の学校とインターナショナルスクールの対応の違いで、とくに夏季長期休暇体制が日本の学校では7月中旬にならないと始まらない点です。

米大学のサマースクールに行きたい高校生に制度の壁

というのもインターナショナルスクールの隠れた魅力は、米大学のすばらしいサマースクーリングを、それこそ自由に受講できることです。東京・世田谷にあるインターナショナルスクール、セントメリースクールにわが子を通わせている知人は、米大学のサマースクールに通わせることができたという親としての喜び、最高の教育の機会を与えている、という自負がある、とつねづね筆者に語っていました。夏休み前になるとクラスメイトと今夏はどこのサマースクーリングに行こうかという相談で盛りあがる、ということです。

つまり米大学のサマープログラムには多くの高校生が米国内のみならず世界中から集まってくるというわけです。しかもかなり本格的で充実していて、先程の知人のように親としても満足感がある、というプログラムになっています。もちろん、このすばらしいプログラムはだれにでもオープンなのですが、普通の日本の高校生にとって壁が3つあります。

1つは言わずと知れた語学の壁。もう1つはお金の壁。なにしろひと夏100万、今は円高ですから、もう少しは安価にできる可能性はありますが、1年分の授業をコンパクトにしたプログラムであるのでそれなりのお値段です。

第1の問題は各自が対応できます。第2の問題には今回の都の予算措置などが大きな助けになります。

そして第3の壁、それが学期の問題です。つまりサマープログラムをとるためには6月半ばから8月いっぱいの長期休暇が必要です。

この6月からの夏休みというのが日本の学校では難しいのです。

もちろん欧米系の大学といっても、南半球のサマープログラムをとろうとするともっと難しい面もありますね。南半球となれば日本の冬休みです。これはもっと短い期間しか休めませんから。

いずれにしても、3つの壁のうち仮に前の2つが可能になったとしても学期の問題で、学校とトラブルになる可能性があるわけです。

今回、東京都の打ち出した留学支援が実を結びグローバル人材養成の一端が開始されるわけですが、ぜひこの学期の問題を解決できるよう当局には対応をお願いしたい、と思います。

また、その延長線上で言うならば私立高校はこの点、校長の事実上の裁量で履修が認められるので、サマープログラムを取りやすいような支援カリキュラムを組めるとなお、うれしいと思います。

筆者には、わが子を米大学のサマースクールに行かせ、彼らが充実して学びの生活に浸っている姿をたびたび話してくれた知人のよきパパぶりが目に焼きついています。

ただし、高校生で十二分に準備してサマープログラムを受けないと、日本の生徒の語学力では太刀打ちできませんから、まずは中学でしっかり語学を磨き、できれば短い留学プログラムをこなしておきたいところです。

私立★INSIDE

神奈川の公立入試改革は私立入試にどう影響するか

次項『公立★CLOSE UP』のページで詳報していますが、神奈川の公立高校入試は前・後期の2回入試が1回にまとめられるなど、来年度から大幅に変わります。このコーナーでは、それが私立高校入試にどのように影響するかについてまとめます。

神奈川の公立受験生は安全志向へと動くこと必至

過去、他県でもさまざまに公立入試制度の改変があったが、とくに学力重視へと移行する場合、その変更が大きければ大きいほど、受験生や保護者は不安を抱く傾向にあり、安全志向へと走りがちなる。

来春からの神奈川の公立高校入試は学力重視への大きな変化といえ、まだまだ中身も見えてこない。採点基準、とくに面接の採点はどうなるのか、特色検査の内容、なかでも自己表現検査とはどのようなものか……、など入試の詳細もわからないことが多いのだ。

このようなことを受けて他県の例同様に安全志向が高まると、これまでとはあまり変化しない私立高校に受験生が向かう可能性は高い。

合格があやふやな公立高校を避け、内申点で合格がわかる私立高校への進学を考える受験生が増えるであろうということだ。

ただ、66ページでも触れているが、公立高校入試が一本化されると実倍率は確実に下がるはずだ。今春までのような高倍率になる学校が少なくなることは予想でき、大幅に緩和される学校も出てくるだろう。

しかし、それも来春の入試結果が流布されるまでは不安を一掃するところまではいかない。

来春の入試結果から「しっかり勉強し、学力的に自分に合った公立高校を選択すれば、公立でも心配するほどではない」という評価が出る2年目以降は、公立高校入試も落ちつき、人気が再燃するだろう。

神奈川とそれを取り巻く東京などの私立高校の方策や対応は、2年目以降に、その真価を問われることになる。

公立高校の入試一本化で神奈川私立の推薦Ⅱは廃止へ

さて来春、神奈川の公立高校入試では前・後期の選抜機会が一本化される。このため、神奈川県内の私立高校で行われていた「推薦Ⅱ」はすべて廃止され、推薦入試は第1志望の受験生のみ、これまでの「推薦Ⅰ」の方式が私立高校の「推薦入試」となる。

これまで神奈川県内私立高校の推薦入試には「推薦Ⅰ」と「推薦Ⅱ」があった。「推薦Ⅰ」は第1志望であることが条件で、受かればその私立高校に進むことが義務づけられていた。

一方、「推薦Ⅱ」は県内公立高校前期選抜との併願のみを認めていた。「推薦Ⅱ」の受験生の場合、公立の前期選抜の合否結果までしか待てず、前期不合格ならその私立高校に入学せねばならなかった。

つまり、「推薦Ⅱ」では公立の後期選抜を受験することはできなかったわけだが、２０１３年度からは公立入試が一本化されてしまうため、「推薦Ⅱ」という制度自体が成立しない。したがって、私立高校の推薦入試は第1志望のみを対象とした昔の入試制度に戻ると考えてよい。

東京都内私立高校の神奈川生向け併願推薦も消滅

また、東京都内の私立高校で行われていた神奈川県在住受験生向けの「併願推薦」（B推薦）も実施されなくなる。

これまで東京の私立高校は神奈川の受験生に向けて併願推薦を実施することができた。

神奈川の受験生が県内の私立高校を受験する場合、前述した「推薦Ⅱ」の受験では、公立前期選抜までしか手続きを待ってもらえなかったが、東京の私立高校を「併願推薦」で受験すれば、神奈川の公立後期の結果まで手続きを待ってもらえていた。

ところが、神奈川の私立は推薦入試では「推薦Ⅱ」がなくなって一本化され、公立との併願はできないことになった。

このため、東京の私立高校も神奈川生向けの併願推薦は自粛（禁止）する形となったのだ。

これまでは都内私立高校の併願推薦を受けて早めに合格を確保し、安心して神奈川公立の後期選抜に臨んでいた公立受験生も、それができないことになり、神奈川在住→東京私立の高校生が減る可能性が高い。

「書類選考型」の入試を行う私立高校が増える傾向に

これらの動きに呼応して、「書類選考型」の入試を行う神奈川私立高校が増えている。

男子校の一部で始まった書類選考型の入試だが、いまでは県内共学校や女子校だけでなく、都内の私立高にまで広がっているのだ。

２００９年度入試で、**鎌倉学園**が新たな方式として導入したのが書類選考型入試だ。

学校が指定した内申基準を満たし、出願書類と作文さえ提出すれば合否を判断してもらえる方式である。しかも面接もなければ、受験のために学校に行く必要もないことから受験生の負担が少なく、さらに公立・私立を問わず併願を認めるとしたため、多くの受験生が集まった。

書類選考という方式は、**法政大二**と**法政女子**の2校が以前から実施していたが、2校の場合には第1志望が条件で推薦入試に準ずるものだった。鎌倉学園の場合は公私とも併願可能とした点が出色と言っていい。

追随するように、**藤嶺学園藤沢**、**横浜**、**武相**と、男子校が書類選考型入試を導入していく。

そして今春、**関東学院**が高校募集を復活させて書類選考型入試を導入、共学校では初めてだった。

また、来春には**北鎌倉女子学園**が女子校では初の併願可能な書類選考型入試を始める。その結果が気になるところだ。

桜美林も神奈川県外では初めて書類選考型入試を導入

同じく来春、**桜美林**が書類選考型入試を導入する。

都内の私立高校では初めてのことだ。桜美林の通学圏は神奈川にも伸びている。以前から神奈川県から通学する生徒が多い学校の1つでもあり、どうしても神奈川県からの受験生に配慮した入試を行わざるを得ない立場にある。

じつは、桜美林は今春、神奈川生向けの併願推薦を始めたばかりで、その入試が人気を集めた経緯がある。ところが、1年きりで神奈川生向けの併願推薦は実施できなくなり、いわば「はしごを外された」形だ。それを考えれば、神奈川の書類選考型入試に桜美林が目を向けたのは理解できるところだ。

東京都の受験生には、あまり知られていない制度だが、これだけ受験生にとって便利な入試方式はない。桜美林の導入を契機に、都内でも書類選考型の入試が広がる可能性もある。

神奈川にしろ東京にしろ、私立高校では併願推薦廃止が進み、内申点を重視する傾向がどんどん強まっている。書類選考型入試はその最たるものといっていいだろう。「確約が出ず、不合格を出す高校は怖くて受けられない」わけだ。

この流れが、まさに内申点重視という書類選考型入試の広がりにつながっているといっていい。私立高校のほとんどは内申重視傾向に進む。

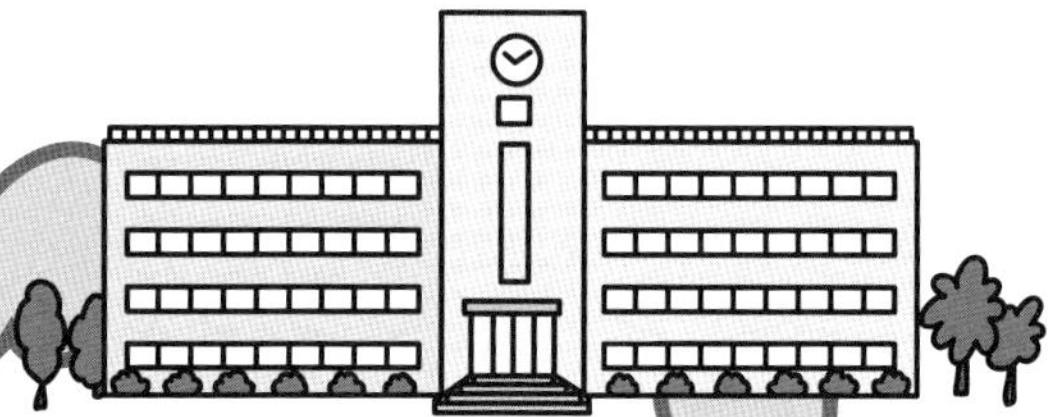

公立★CLOSE UP

神奈川・千葉・埼玉
公立高校入試の変更点

安田教育研究所　代表　安田 理

神奈川の入試制度が2回から1回に選抜機会を減らし、選抜方法や学力検査も変更となる。大幅に変更される神奈川を中心に、東京以外の首都圏公立高校入試の変更点と注意点を紹介しよう。

神奈川県公立高校

学力検査は独自問題を廃止し 50点満点から１００点満点に

２０１３年度からの神奈川公立高校入試の主な変更点は次の5点。

①前・後期の2回から1回に選抜機会を一本化

選抜機会は2回から1回に減る。一発勝負になるため、失敗は許されない入試になる。一方、前・後期で分散していた定員が一本化される分、１回あたりの合格数は増加する。その分、全体的に倍率の緩和が見込まれる。

②選抜方法も前期と後期を一体化、「調査書」「学力検査」「面接」を原則として全校で実施

２０１２年度入試まで、前期では「調査書」「面接」「各校が必要に応じて実施する検査」による選抜を実施し、後期では「調査書」と「学力検査」によって合否を決めていた。今回の一本化で前・後期の選抜方法がミックスされる。「調査書」「学力検査」「面接」の配分は、１要素が最低でも2割以上をベースにしたうえで各校が決める。

③学力検査を各教科50点満点から１００点満点に

神奈川公立高校入試の学力検査では、近隣他都県と比べ、選択問題が多く出題されていた。しかし、新たな入試では新学習指導要領でより重視されることになった「思考力・判断力・表現力」を問う出題が増える。このような書かせる問題の増加に伴い、中間点がつけられるように配点の幅を広げるため、各教科50点満点から１００点満点に変わる。

④学校独自問題を廃止

学力検査の共通問題が１００点満点に変わり、記述問題が増えることで難しくなることをふまえ、学力向上進学重点校を中心に実施されていた「学校独自問題」は廃止される。２０１２年度入試で独自問題を実施したのは**湘南**、**横浜翠嵐**、**柏陽**、**光陵**、**多摩**、**市立横浜サイエンスフロンティア**など11校。独自問題は作成も採点も労力がかかるため、その負担の軽減が意図された可能性がある。

⑤必要に応じて「特色検査」の実施も可能に

これまで前期で実施されていた「各校が必要に応じて実施する検査」を「特色検査」に名称を変えて実施することが可能になった。「特色検査」は各校の特色に応じた、学力検査や面接では測れない総合的な能力や特性を見るためのもので、「自己表現検査」と「実技検査」の2種類がある。13年度は27校で実施される予定だ。

「自己表現検査」を実施するのはクリエイティブスクール3校を含め18校あり、**湘南**、**横浜翠嵐**、**柏陽**、**希望ケ丘**、**厚木**、**光陵**、**市立横浜サイエンスフロンティア**、**神奈川総合**など上位校も含まれている。その検査内容は記述型、スピーチ型、討論型の3タイプに分かれているが、上位校の場合、高い学力があるのかを総合的に判断する色合いが強い。

神奈川公立高校「特色検査」

●自己表現検査実施校

記述型	湘南、横浜翠嵐、柏陽、希望ケ丘、平塚江南、厚木、小田原、西湘（理数）、市立横浜サイエンスフロンティア、市立川崎総合科学（科学）
スピーチ型	光陵、厚木東、二俣川看護福祉、津久井（福祉）、市立川崎総合科学（科学）
討論型	神奈川総合

●実技検査実施校

横浜国際、白山（美術）、上矢部（美術陶芸）、弥栄（芸術／スポーツ科学）、厚木北（スポーツ科学）、山北（スポーツリーダー）、荏田（体育）、市立橘（スポーツ）、市立川崎総合科学（デザイン）

過去問題を基本としながら記述対策も重要

全校共通で実施される学力検査が2013年度からは難しくなる。問題が難しくなる、と聞くとプレッシャーを感じる受検生もいることだろう。

しかし、これまでの神奈川公立高校入試の学力検査がやさし過ぎたという塾の先生もいる。全体の合格者平均点が7割前後であったため、上位校ではほぼ満点でないと合格できない入試が続いていたのだ。ちなみに、東京都立では6割前後、千葉・埼玉の公立では5割前後しかない。比較してみると神奈川の平均点の高さが際立っている。

横浜翠嵐をはじめ学力向上進学重点校が次々と学校独自問題を導入した背景の1つには「共通問題が得点しやすく、高い学力を判断しにくい」という要因があった。つまり、神奈川の平均点の高さは受験生の学力の高さではなく、試験問題のやさしさによるもの、ということがわかる。

今回、新制度下での学力検査がどのように変更されるのか、県の教育委員会のHPで教科ごとに紹介されている。これを見ると、出題内容は変わらないが、その問われ方が変わる、と判断できそうだ。

これまで4つの選択肢から正解を1つ選ぶ問題だったものの一部が、その答えを記述しなければならなくなる。あやふやな知識で得点することは難しくなり、より深い理解が求められる。ただし、一部の選択問題が記述問題に変わるのであって、すべての問題が記述になるわけではない。**横浜翠嵐**や**湘南**などで実施されてきた学校独自問題よりはやさしく、これまでの共通問題よりは難しい、といったところだろう。

もう1つ注意しなければならないのは50点満点から100点満点に変わることだ。これまでの神奈川の学力検査では1問あたりの配点の多くが1～2点しかなく、これもまた小問ごとの難易度のバリエーションを広げにくい要因だった。

しかし、100点満点に変わることで選択問題は1点、記述問題は10点といったように、1問ごとの配点の幅を広げることが可能になる。記述問題の場合、10点満点であれば、書かれた内容に応じて中間点をさまざまにつけることができるので、理解度に応じて得点差をつけやすくなるメリットがある。その分、採点する労力は大変になるだろうが、上位校では高い学力の受検生の差が見えやすくなるだろう。内容を理解しようとせず、ただ丸暗記ばかりしている受検生にとっては手強い出題になりそうだ。

記述問題で得点するには、とにかく書くことがまず大事。問題をよく読み、条件にあった記述力が問われる。とくに上位校では記述問題での得点力が合否を大きく左右する可能性が高い。また、例え難度の高くない高校を受検する場合でも、書くことは必要だ。配点が高いうえ、なにか書けば得点できるチャンスが生じるのだから、あきらめは禁物だ。

とはいえ、出題されるテーマや傾向は変わらないので、まず過去問題を分析することが最優先。実際に解いてみて満点近く取れるまで何度もくり返すことは最低限必要だろう。そのうえで、記号選択問題が記述問題になってもすべて答えられるようにできれば完璧だが、そこまでできるようになるのは難しいだろう。

そこで、神奈川公立高校の過去問題が大体できるようになったら、他都県の公立高校入試問題を解いてみるのも1つの方法だ。東京、千葉、埼玉では数年前から神奈川より記述問題の比率が高い。まったく同じというわけにはいかないが、英作文や数学の証明問題などの記述問題は演習としても役に立つだろう。

各校の比率にも注意

合否を決定する際に使用される「調査書」と「学力検査」と「面接」の3要素のうち、ほとんどの高校では2割を「面接」、残る8割を「調査書」と「学力検査」とに配分している。「調査書」と「学力検査」とを、どのように配分するのかは各校によって違う。

横浜翠嵐が「学力検査」6割・「調査書」2割であるのに対し、**湘南**は「学力検査」5割・「調査書」3割、**多摩**では「学力検査」4割・「調査書」4割といったように、同じ学力向上進学重点校でも配分はさまざまだ。

「特色検査」が加われば、さらに配分が変わってくる。実施校の多くは2割が上乗せされるが、**湘南**のように1割が上乗せされるところと**横浜国際**のように3割が上乗せされるところもある。

「調査書」の得点が高いほど、その配分の高い高校では有利になる。その逆もあるが、例えば、**横浜翠嵐**の場合、「調査書」が低くても合格可能性がある、と考えるのは早計だろう。むしろ、「調査書」が高くても「学力検査」と「特色検査」の結果次第では不合格になることもある、と判断するべきだ。

「面接」も配分される割合は高くないが、点数化されるのは珍しい。多く時間を割く必要はないが、実際に練習をするなどの対策は立てておきたい。志望理由や中学校生活のことなど、よく質問される内容には答えられるようにしておこう。また、提出書類に記入した内容は出願前に必ずコピーし、面接前に目を通しておきたい。書かれた内容について質問されてもなにを書いたのか忘れてしまい、しどろもどろになるようでは減点されるかもしれない。準備を怠らずに臨もう。

神奈川公立高校 全日制普通科の選考基準の比重

選考の比重	学校名
学力検査6割 調査書2割	鶴見、横浜翠嵐、生田
学力検査5割 調査書3割	岸根、希望ケ丘、光陵、横浜南陵、柏陽、横浜緑ヶ丘、氷取沢、桜丘、南、金沢、新城、住吉、百合丘、横須賀、横須賀大津、鎌倉、七里ガ浜、大船、湘南、茅ケ崎北陵、秦野、厚木、海老名、大和、大和西、座間、上溝、小田原、市立横浜サイエンスフロンティア
学力検査4割 調査書4割	城郷、港北、新羽、霧が丘、市ヶ尾、元石川、川和、新栄、瀬谷、横浜平沼、保土ヶ谷、舞岡、上矢部、金井、川崎北、多摩、生田東、菅、麻生、市立川崎、橘、高津、追浜、津久井浜、逗葉、深沢、藤沢西、湘南台、茅ヶ崎、鶴嶺、茅ケ崎西浜、平塚江南、高浜、大磯、二宮、秦野曽屋、伊勢原、伊志田、足柄、山北、有馬、大和南、麻溝台、上鶴間、相模原、上溝南、橋本、城山、横浜国際
学力検査3割 調査書5割	白山、荏田、旭、松陽、瀬谷西、永谷、横浜立野、逗子、寒川、西湘、厚木西、愛川、大和東、綾瀬、綾瀬西、相模田名、津久井
学力検査2割 調査書6割	磯子、大井、厚木東、厚木北

全体的には大きく緩和の可能性も

神奈川では、来春の公立中学卒業予定者数が1043名増える予想であるのに対し、次年度は公立高校だけで1150名も募集数を増やす。全国で全日制高校進学率が最低だったことから、経済的な理由で全日制を断念し、不本意ながら定時制に進学する生徒を減らすための措置だ。入試日程一本化と大幅な定員増で次年度の公立高校入試の平均倍率は大きく緩和する可能性が出てきた。

普通科で増員するのは28校で、すべて1クラス40人分の増加。そのうち、学力向上進学重点校は**希望ケ丘**1校のみで、中堅校や合格難度の高くないところが多い。上位校の緩和にはつながりにくいが、中堅校以下のなかには定員割れを起こすところが増えるかもしれない。

千葉県公立高校

前年増の東葛飾、千葉東は募集数を維持

2011年度入試から前期募集数の割合を増やし、すべての入試で学力検査を実施、日程を遅めるなどの制度変更を実施した千葉の公立高校入試。3年目を迎える次年度は中学校卒業者数の変動に合わせた募集数の増減があるくらいで、めだった変化はない。

県全体では534名の中学校卒業者数の減少が予想されているのに対し、公立高校全体で360名募集数を削減する。学区によっては中学校卒業者数の増加もあるため、募集増校も8校ある。17校で募集数を減らし、前年に募集数を増やした15校がそのままの募集数を維持する。

東京、埼玉、神奈川とも学区がなくなり、同じ都県内であればどこの公立高校も受検できるが、千葉だけは学区制を続けている。近隣学区の受検は可能だが、在住学区内での志望校選びが基本となる。

東京に近く交通の便のよい学区では中学校卒業者数の増加傾向が見られるので、募集を増やす高校がある一方、人口減少地域では募集減少校が増え続けているところもある。人口変動に格差があり、学区が成立しているのも、それだけ千葉が広いからだろう。

交通網が充実している1～3学区は、中学校卒業者数も多く全体に占める割合も高い。この3つの学区の合計では募集数を減らしていない。

9学区あるうち、1～3学区をはじめ5つの学区で、今回募集数を減らすのは、前年度に募集数を増やしたところばかりで、難関上位校は含まれていない。

前年、8クラスから9クラスに募集数を増やした**東葛飾**と**千葉東**の定員が維持される分、県全体の中学校卒業者数減に対し上位校では若干緩和する可能性も出てきた。しかし、募集数を増やす8校も中堅校が多く、難関校は含まれていない。

また、**千葉東**が実施してきた学校独自問題が英語・数学・国語の3科から国語がなくなり2科に減る。新制度開始後、応用問題を中心とした学校独自問題を唯一実施してきた同校だが、採点する側の労力の軽減を図ったのかもしれない。受検生にとっても独自問題対策を立てる必要が1科目減ることになる。国語が得意な受検生にとっては痛手だが、全体的には志望増につながる可能性が高い。

私立併願校を早めに確保し後期まで考えた対策を

2012年度入試では前期の平均実倍率が1・84倍、後期が1・35倍だった。制度変更2年目で初年度よりどちらも上昇している。隔年現象があれば2013年度は緩和することになるが、さほど変わらないものと思われる。

まず、確実な私立併願校の合格を早めに確保して、公立高校入試の前期に臨むのが鉄則だろう。県内私立高校を併願する場合には定員の占める割合が高い前期日程で確保しておきたい。

また、過去2年の結果を見てもわかるように、募集数は減っても後期の方が前期より倍率は低い。あきらめずにチャレンジする姿勢が大事だ。後期の学力検査では試験時間が各科40分しかなく（前期は各科50

千葉公立高校
学区ごとの主な地域や学区内の路線、該当する高校の一部

1学区	千葉市
	総武線、京葉線、内房線、外房線、京成線、千葉都市モノレールほか
	県立千葉、千葉東、幕張総合、市立千葉、市立稲毛など
2学区	船橋市、市川市、習志野市、松戸市、八千代市、浦安市
	総武線、京葉線、武蔵野線、常磐線、京成線、新京成線、東葉高速線、東西線、北総線ほか
	県立船橋、薬園台、船橋東、八千代、小金、国府台など
3学区	鎌ケ谷市、流山市、我孫子市、野田市、柏市
	常磐線、成田線、東武野田線、新京成線、つくばエクスプレス、北総線ほか
	東葛飾、柏、鎌ヶ谷、柏南など
4学区	四街道市、成田市、八街市、佐倉市、印西市など
	総武本線、成田線、北総線、京成線ほか
	佐倉、成田国際など
5学区	銚子市、匝瑳市、旭市、香取市など
	総武本線、成田線、銚子電鉄ほか
	佐原、匝瑳、市立銚子など
6学区	東金市、山武市、九十九里町
	総武本線、東金線、外房線沿線
	成東、東金など
7学区	茂原市、勝浦市、いすみ市など
	外房線、いすみ鉄道沿線
	長生、大多喜など
8学区	鴨川市、館山市、南房総市など
	内房線、外房線沿線
	安房など
9学区	木更津市、市原市、君津市、富津市、袖ヶ浦市
	内房線、小湊鉄道、久留里線沿線
	木更津、君津など

●募集を減らす高校

第1学区	検見川、千葉北、千城台（3校とも前年1クラス増）
第2学区	船橋芝山、松戸、市川工業（電気）（3校とも前年1クラス増）
第3学区	沼南（前年1クラス増）
第4学区	佐倉西、八街（総合）（2校とも前年1クラス増）
第5学区	小見川
第6学区	松尾、東金、東金商業（商業）（東金商業のみ前年1クラス増）
第7学区	岬、勝浦若潮（総合）
第8学区	なし
第9学区	君津、袖ヶ浦（2校とも前年1クラス増）

（カッコ内表記以外はすべて普通科、以下同様）

●前年に募集を増やしたまま、定員を減らさない高校

第1学区	千葉東、千葉西、土気、京葉工業（電子工業）
第2学区	松戸六実、八千代東、松戸馬橋、市川南、浦安、船橋古和釜、船橋法典
第3学区	東葛飾、流山南
第4学区	成田北、四街道
第5～9学区	なし

●募集を増やす高校

第1学区	千葉工業（電気）
第2学区	八千代西、実籾、市川東
第3学区	柏陵、柏の葉、流山北
第7学区	大原
第4～6、8,9学区	なし

分)、問題数は少ないものの「思考力・判断力・表現力」を問う出題の占める割合は変わっていない。記述問題はすぐに答えられるものではないので時間配分にも注意したい。

埼玉県公立高校

募集数は削減も上位校での増員あり

入試一本化から2年目を迎える埼玉の公立高校入試では、千葉と同様、とくに大きな変更はない。中学校卒業者数の変動に応じた募集数の増減が例年通り行われるが、その顔ぶれに上位校が多く見られることが次年度の最も大きな特徴だ。

その公立高校の募集数だが、公立中学校卒業予定者が予測で370名減るのに対し、240名削減される。千葉のように学区はないものの地域ごとの中学校卒業者数の変動に応じた募集数変更であるため、普通科の23校が募集数を減らす一方、募集を増やす普通科も16校ある。

今回、募集を減らす高校の多くは前年の中学校卒業者数の増加に対応して募集数を臨時に増やしたところだ。しかし、前年増やした高校であっても募集数を減らさないケースもある。

学校別に見ると、最も注目されるのは**県立浦和**、**浦和第一女子**、**所沢北**、**越ケ谷**といった上位校での増員だろう。前年に募集数を増やした難関上位校には**県立川越**、**川越女子**、**蕨**などがあった。全体の平均実倍率が1・15倍だったのに対し、この3校は、いずれも1・40倍前後と実倍率が高かった。

次年度は募集数を元に戻すことになる3校では受検生を減らすことは確実だが、その分、募集数を増やす**県立浦和**と**浦和第一女子**の両トップ校に受検生がシフトするのか気になるところだ。また、前年増やした募集数を維持する**大宮**に影響がおよぶ可能性もある。

公立志望の成績上位生にとって難関上位校の募集枠が広がるのは朗報だが、どこを志望校に選ぶのか悩ましいところだ。

上位校は分散の可能性 進路希望調査にも注目

入試日程が一本化された1年目は不安感もあって、確実に合格できそうな公立高校や早く決まる私立高校を志望する割合が少なくなかった。次年度は初年度の平均実倍率1・15倍という結果から公立志向が高まる可能性がある。加えて、上位校での募集増や募集数維持によって上位層の受け入れ枠は広がった。

一般的に募集数を増やすとその分応募者も増えるものだが、人気校の場合、定員の増加率を上回る応募者を集めた結果、例年より実倍率が上昇するケースも珍しくない。**県立浦和**、**浦和第一女子**がどこまで応募者を増やすのか、その集中度によっては**県立川越**、**川越女子**の倍率緩和につながる可能性がある。

また、難関国私立高校との併願が多い**県立浦和**の実倍率が最終的にどこまで伸びるのかも注目される。

毎年、埼玉では中学3年生に進路希望調査を10月と12月に実施している。既に10月の結果は公表されているが、この調査は各校の募集数が公表される前に実施されたものだ。また、調査書も未確定な時期であるため、12月の調査結果の方がより現実に近いものになるだろう。新聞各紙や県教育委員会のホームページで公表されるので、チェックしておきたい。

埼玉公立高校 募集数変動校（カッコ内は今春の実倍率）

募集数減少校

400人→360人	県立川越(1.37倍)、川越女子(1.40倍)
360人→320人	蕨(1.36倍)、越谷南(1.21倍)、杉戸(1.09倍)、大宮南(1.24倍)、越谷西(1.00倍)、川越西(1.10倍)、所沢中央(1.08倍)
320人→280人	越谷東(1.00倍)、川口青稜(1.08倍)
280人→240人	大宮東(1.01倍)、大宮武蔵野(1.17倍)、飯能(1.01倍)、北本(1.00倍)、草加西(1.06倍)、川越初雁(1.00倍)、宮代(1.00倍)
240人→200人	新座(1.00倍)、岩槻北陵(1.00倍)
200人→160人	八潮(1.01倍)
160人→120人	上尾橘(1.01倍)、日高(1.06倍)

募集数増加校

360人→400人	浦和(1.26倍)、浦和第一女子(1.36倍)、所沢北(1.30倍)
320人→360人	越ヶ谷(1.48倍)、浦和北(1.12倍)、朝霞(1.09倍)、所沢西(1.13倍)、朝霞西(1.25倍)、浦和東(1.12倍)、坂戸西(1.13倍)
280人→320人	志木(1.06倍)、草加東(1.10倍)、川口東(1.06倍)
200人→240人	富士見(1.06倍)
160人→200人	大宮光陵(1.08倍)
40人→80人	八潮南(1.26倍)

募集増加維持校

360人	大宮(1.43倍)、越谷北(1.28倍)、川口北(1.28倍)、所沢(1.20倍)、与野(1.33倍)
320人	南稜(1.21倍)
280人	三郷北(1.09倍)
240人	草加南(1.16倍)、和光(1.20倍)
160人	鳩ヶ谷(1.26倍)
140人	市立川越(1.29倍)

公立★CLOSE UP

高校入試の基礎知識

意外と気づかない
願書記入のポイント

3年生は、まもなく「入学願書」の提出です。今回は、提出前の「入学願書」の書き方についてまとめました。書き終わっていたとしても最終チェックをしましょう。各都県、公立、私立の違いによって書類名称も違いますので、それぞれの実情に合わせて読んでください。

毎年、この欄で「願書の書き方」を特集しています。今回は最も現場に近い公立中学校の先生がたに注意点などをお聞きしてまとめました。

願書提出については、あとから「やっちゃった!」という話を聞くことがあります。受験後の笑い話で済めばよいのですが、取り返しのつかないミスもありえます。

とくに「願書の出し忘れ」は、これまでの努力が水泡に帰すばかりでなく、心の傷にもなりかねませんので、受験する学校の入試日や願書の提出期日を記した「受験カレンダー」を作成して居間などに張り、家族全員がチェックできるようにしておきましょう。

願書は受験生本人が書く

さて、受験では、家族に手伝ってもらえないことが2つあります。それは勉強そのものと願書の記入です。高校受験での「入学願書」は、基本的に受験生本人が書きます。ただ、保護者氏名の署名欄などは保護者が記してもかまいません。

「受験生本人自署のこと」「受験生本人が記入すること」などの注意書きがある願書は、必ず本人がすべてを記入します。

また、「健康調査書」など保護者が記入すべきものもあります。

願書記入欄のうち、「志望動機」は必ず本人が書きましょう。面接がある学校では、面接官が願書を見ながら質問をします。自分で記入しておかないと、書いておいたことと口述とがちぐはぐになってしまうことがあります。「自己PRカード」や「自己推薦書」も同じです。

面接がない学校の場合は、この「志望動機欄」が唯一の意思表示の場です。「この学校に入りたいのです」という気持ちを願書でしっかり伝えましょう。

まずは下書きをしよう

最も大切なことは、願書の書き方についてよく理解してから書くということです。募集要項や願書のなかに「願書記入上の注意」が入っていますので、よく読みましょう。

そして、鉛筆で薄く下書きをしましょう。まれに複写式の用紙がありますので、その場合は下書きができません。願書をコピーした用紙で練習をします。

下書きができあがったら、清書する前に保護者に見てもらいます。

清書は黒のボールペンで書きます。サインペンではにじんでしまうことがあります。学校によっては筆記具が指定されることもあります。清書は楷書で、落ち着いてゆっくりと書きます。下書きの鉛筆跡は、消しゴムで丁寧に消します。

自分の名前にも注意

自分の名前を知らない人はいないでしょうが、違う漢字で覚えている人は意外にいるものです。旧漢字が正式であったりするからです。中学校の担任の先生に確認し、調査書と同じ漢字で書くようにします。

住所は東京都や埼玉県など都道府県名から書きます。マンションやアパートの場合は号、室番号まで書きます。しっかりと書いておかないと受験票が返送されてきません。

保護者欄の住所は「同上」や「志願者に同じ」でもかまいません。

「緊急連絡先」は、受験時のトラブル対処のためもありますが、合格発表時に補欠であった場合の「繰り上げ連絡」に使われます。すぐに連絡が取れる電話番号を書き込みます。携帯電話の場合は、受験生本人ではなく保護者の携帯番号の方が無難です。この場合、父、母、また、持ち主の氏名を書いておきましょう。

受験番号など※印が付してある欄にはなにも書かないようにします。

まず捺印欄をチェック

さて、書き終わった入学願書のチェック時には、捺印の漏れがないかを、まず、チェックします。また、記入欄のずれがないかも確認します。

小学校の卒業年度、中学校の卒業見込み年度などの数字も間違いやすいポイントです。学校によって元号で記す場合と西暦で記入する場合があります。今年の場合は「平成25年（2013年）3月31日中学校卒業見込み」です。中学校名は○○市立から書けばよいでしょう。

ふりがなについては、「ふりがな」とあるときはひらがなで、「フリガナ」とあるときにはカタカナで記入するのが常識ですが、これを間違えたからといって願書が受け付けられなかった、ということはありません。

私立高校の場合は、複数の試験日程のうち、自分が受験する日に○印をする場合がほとんどです。受験日が間違っていないか確認します。これも「受験カレンダー」を作成しておけば勘違いを防げます。

複写式の願書の場合、必要なページに複写されているかを確認します。厚紙をはさむ場所を間違えて書き込んだはずの文字がすべて写っていなかったり、ページが折れていて複写ミスが起こることもあります。

最後に、募集要項や「入学願書記入上の注意」を読み直して再確認します。写真の貼り方などに細かい注意事項がある学校もあります。

「入学志願者調査書」や「校長推薦書」は、通学している中学校の担任の先生に手渡して記入してもらいます。「調査書」はそれを封入する封筒がついていますのでいっしょに渡します。「調査書」は極秘書類です。絶対に開封しないようにします。もし、なんらかの理由で「調査書」を提出しない場合は中学校に返還すべきものです。

さて、記入ミスが見つかった場合はどうするかというと、最もよいのは、もう1通願書を用意しておいて、ミスした1枚全部を書き直すことです。それが難しければ、間違えたところを2本線で消し、その上部の行間に正しい記述をしたあと印鑑をおします。訂正印（訂正用の小さな印鑑）があればベターです。注意書きに「訂正する場合…」が示してあるときはそれに従います。

願書提出時も要注意

入学願書提出には窓口持参と郵送とがあります。一度に複数校の願書を記入した場合、他校の封筒に混同して封入することがありますので、1校ずつ、記入→封入までを行うようにします。

窓口持参の場合も、同じ日に2校をまわる場合、他校の書類を窓口に示してしまう失礼のないようにしましょう。

窓口持参の場合の「ワンポイントアドバイス」として、願書記入時と同じペンと印鑑を携帯しておくことをお勧めします。

受付係のかたに記入漏れの指摘を受けた場合に、その場で修正できるからです。前述した捺印漏れも意外に多い落とし穴ですので印鑑も持って行きましょう。

郵送の場合には、締切ぎりぎりの投函は避けましょう。窓口持参の場合は、土日に受付があるか、また、受付時間帯も調べておきましょう。とくに最終日は要チェックです。

提出する封筒には予め「○○高等学校入学願書受付係　行」などと印刷してあります。この「行」は2本線で消して「御中」に直しましょう。

「学校長殿」の場合はそのままにします。

返送されてきた受験票は、透明ファイルなどで学校別に分けて大切に保管します。入試当日に他校の受験票を持っていくなどのアクシデントが起きないように注意します。

11月号の答えと解説

問題

英語アナグラム・クロス

ルールにしたがって、外側の文字をクロス面に入れてクロスワードを完成させてください。最後にa～fのマスの文字を順に並べると、ある道具の名前が表れますから、それを答えてください。

【ルール】クロス面の外側にある文字は、タテ・ヨコの各列にすべて入ります。ただし、文字は順番通りに並んでいませんので、タテ・ヨコの関係を考えながら英単語の形へ並べかえてください。また、色のついているマスには文字は入りません。

	c					f			← AGIMNSTU
									← AELNOW
									← AALNORST
				d					← ACEKNT
								b	← AEEHLSTT
									← CEMOOS
									← AAEHKOWW
		a							← EIPTUY
						e			← EEHILORS
↑ AEGLOSTW	↑ AEHIIT	↑ ACELLOPS	↑ NNOOTU	↑ AEHMNOTT	↑ CEHOWW	↑ AAEIKNRS	↑ AKRSSU	↑ AEELMTY	

解答　PLIERS（ペンチ）

解説

クロスワードを完成させると右のようになります。

pliers のように、対になるものからできている器具や衣類を表す名詞は常に複数形で用いられ、複数扱いになります。pliers のほか、glasses「眼鏡」、pants「ズボン」、scissors「はさみ」、compasses「コンパス」なども同様です。

また、数える場合は a pair of ～, two pairs of ～ と数えます。

●単語の意味（抜粋）

giant＝巨人、巨大な
sum＝合計、金額
own＝所有する（参考：owner＝持ち主、所有者）
salon＝客間、サロン
neck＝首、えり
heal＝治す、治療する
awake＝目覚める
lie＝横たわる（動詞）、ウソ（名詞）
gas＝気体、ガス
tone＝音色、口調
metal＝金属
chew＝噛む
towel＝タオル
scope＝範囲、余地

G	I	A	N	T		S	U	M
A		L		O	W	N		E
S	A	L	O	N		A	R	T
	T		N	E	C	K		A
T	E	S	T		H	E	A	L
O		C	O	M	E		S	
W	H	O		A	W	A	K	E
E		P	U	T		I		Y
L	I	E		H	O	R	S	E

中学生のための学習パズル

今月号の問題

Q 四字熟語パズル

例にならって、散らばっている漢字を線でつないで、四字熟語を作っていってください。ただし、線はパズル面の点線に沿って引き、同じ線上を２度通ることや、引いた線が交差することもありません。

線でつながれた四字熟語が６つできたら、パズルの完成です。最後に、引いた線が★を通る四字熟語を答えてください。

【例】

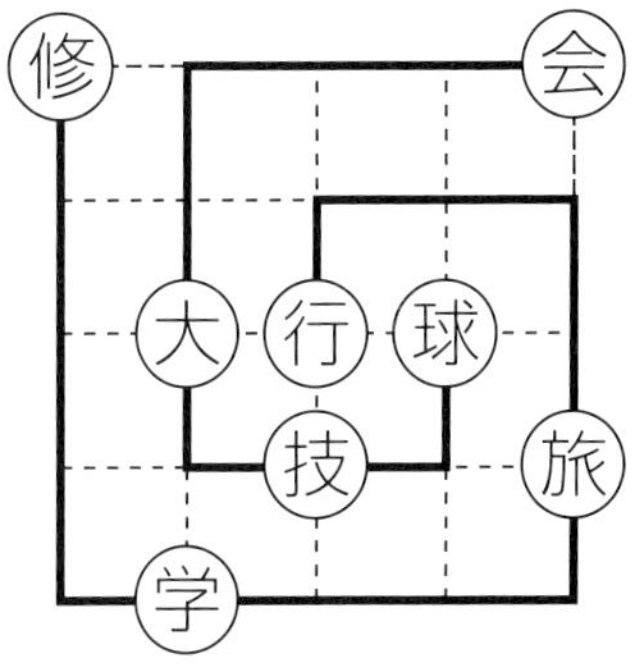

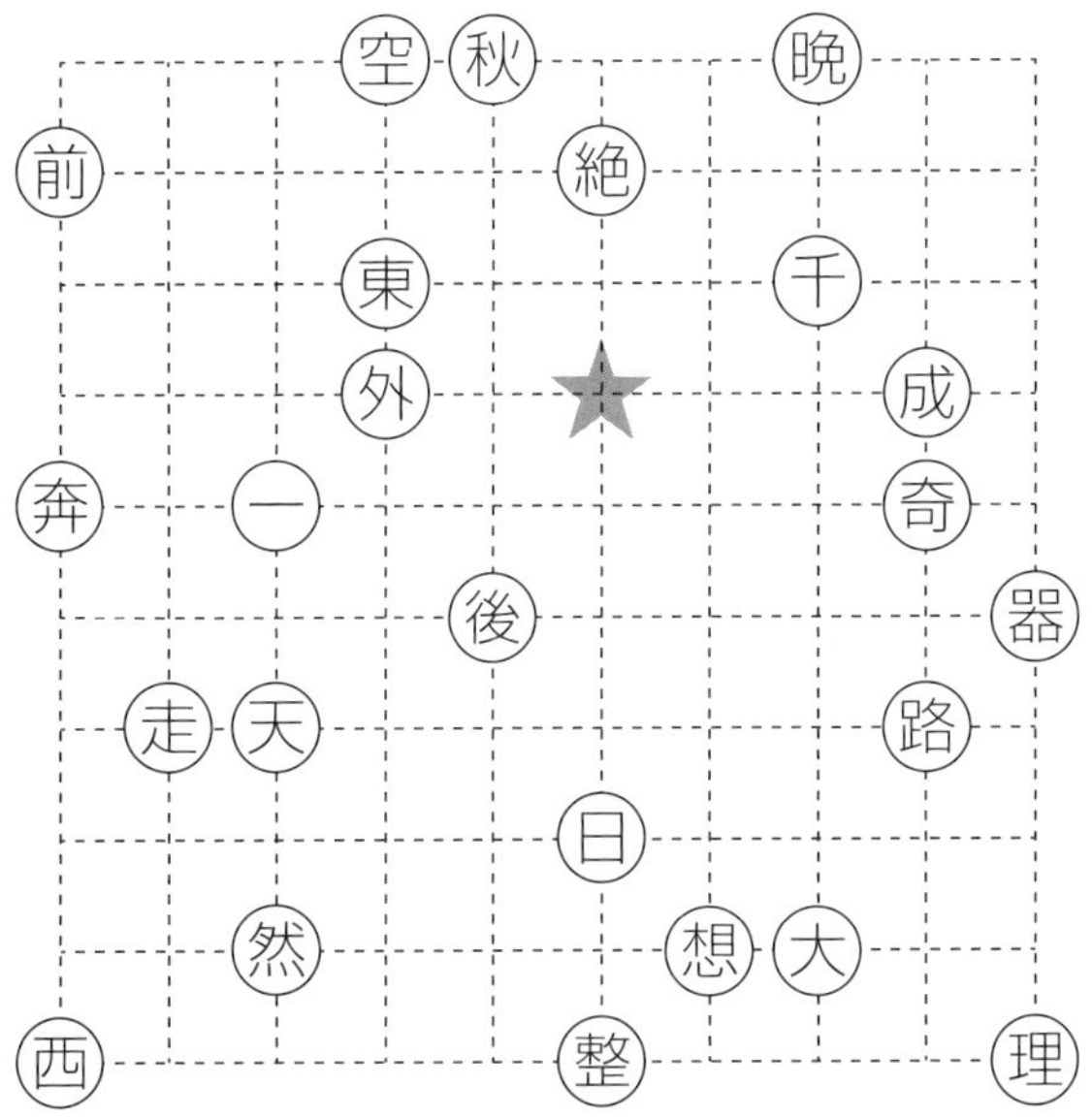

11月号学習パズル当選者

（全正解者28名）

★太田　鷹之くん（千葉県船橋市・中２）
★藤田茉莉子さん（東京都江東区・中２）
★山本　晃大くん（千葉県千葉市・中１）

応募方法

●必須記入事項

01　クイズの答え
02　住所
03　氏名（フリガナ）
04　学年
05　年齢
06　右のアンケート解答
「尾張徳川家の至宝」（詳細は77ページ）の招待券をご希望のかたは、「●●展招待券希望」と明記してください。

◎すべての項目にお答えのうえ、ご応募ください。
◎ハガキ・ＦＡＸ・e-mailのいずれかでご応募ください。
◎正解者のなかから抽選で３名のかたに図書カードをプレゼントいたします。
◎当選者の発表は本誌2013年2月号誌上の予定です。

●下記のアンケートにお答えください。

A今月号でおもしろかった記事とその理由
B今後、特集してほしい企画
C今後、取りあげてほしい高校など
Dその他、本誌をお読みになっての感想

◆2013年1月15日（当日消印有効）

◆あて先
〒101-0047　東京都千代田区内神田2-4-2
グローバル教育出版　サクセス編集室
FAX：03-5939-6014
e-mail:success15@g-ap.com

挑戦!!

十《じゅう》文《もん》字《じ》高等学校

東京都豊島区北大塚1-10-33

JR山手線・都営三田線「巣鴨」、JR山手線・都電荒川線「大塚」徒歩5分

TEL：03-3918-0511

URL：http://www.jumonji-u.ac.jp/high

問題

下の図のように，円Oの円周上に4点A，B，C，Dがあり，線分BC上にAE∥DCとなるような点Eをとる。∠ABD＝20°，∠ADB＝30°，AB＝2cmのとき，次の問いに答えよ。

(1) ∠AECの大きさを求めよ。

(2) ▭の部分の面積を求めよ。
ただし，円周率はπとする。

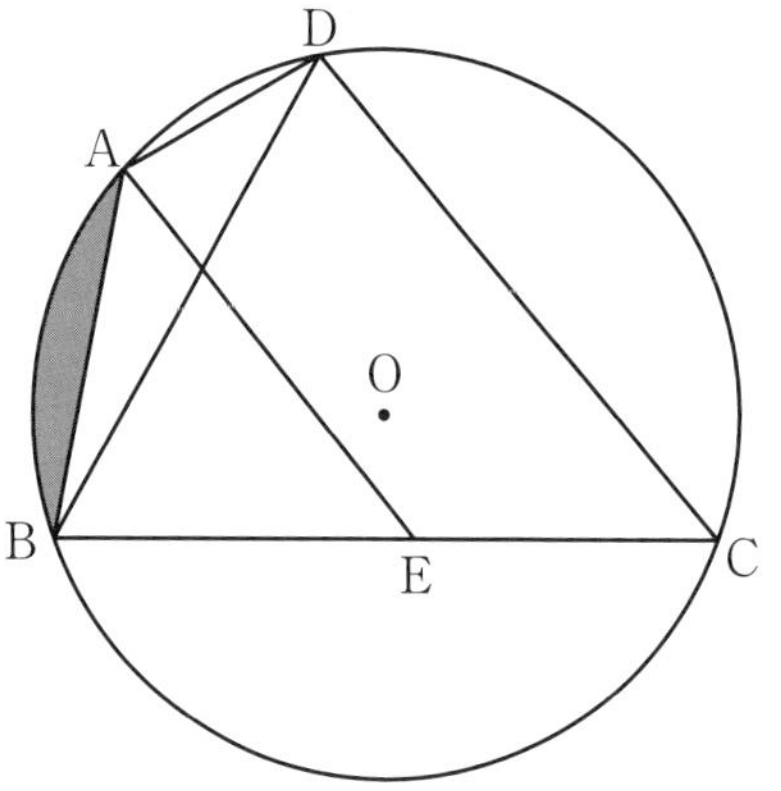

解答 (1) 130° (2) $\frac{2}{3}\pi-\sqrt{3}$ cm²

明《めい》法《ほう》高等学校

東京都東村山市富士見町2-4-12

西武国分寺線・拝島線「小川」徒歩15分、西武新宿線「久米川」・西武拝島線「東大和」・JR中央線「立川」、JR武蔵野線「新小平」バス

TEL：042-393-5611

URL：http://www.meiho.ed.jp/

問題

図のように，円周上に∠BAC＝30°，AB＝ACとなるように3点A，B，Cをとる。さらに，AD＝3となるような点Dを円周上にとり，直線ADと直線BCの交点をEとする。

DE＝6であるとき，次の問に答えよ。

(1) ∠ADBの大きさを求めよ。

(2) ∠ADCと同じ大きさの角を2つ答えよ。

(3) △DACと相似な三角形を2つ答えよ。

(4) ACの長さを求めよ。

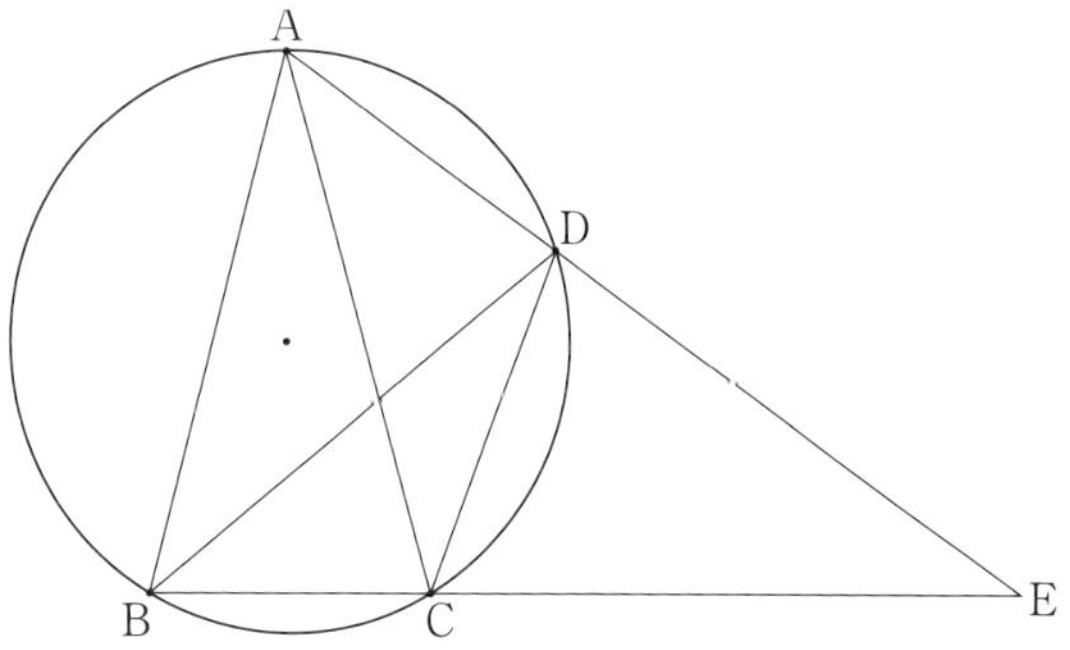

解答 (1) 75° (2) ∠BDE ∠ACE (3) △DBE △CAE (4) $3\sqrt{3}$

私立高校の入試問題に

鎌《かま》倉《くら》学《がく》園《えん》高等学校

- 神奈川県鎌倉市山ノ内110
- JR横須賀線「北鎌倉」徒歩13分
- TEL：0467-22-0994
- URL：http://www.kamagaku.ac.jp/

問題

正の整数 n に対して，$\sqrt{n}$ の整数部分を $f(n)$ とします。例えば，$\sqrt{2}=1.4142\cdots\cdots$ なので，$f(2)=1$ です。

次の問いに答えなさい。

(1) $f(30)$ の値を求めなさい。

(2) $f(n)$ の値が k となるときの正の整数 n はいくつありますか。k を用いて答えなさい。

(3) $f(1)+f(2)+f(3)+\cdots\cdots+f(30)$ の値を求めなさい。

解答 (1) 5 (2) $2k+1$（個） (3) 100

関《かん》東《とう》国《こく》際《さい》高等学校

- 東京都渋谷区本町3-2-2
- JR線ほか「新宿」徒歩17分、京王新線「初台」徒歩8分、都営大江戸線「西新宿五丁目」徒歩5分
- TEL：03-3376-2244
- URL：http://www.kantokokusai.ac.jp/

学校説明会

12月３日(月)～21日(金)　16:30～
※土日祝および12月15日(土)～18日(火)をのぞく
１月８日(火)～２月７日(木)
毎週火・木曜日　16:30～
※１月22日(火)をのぞく

問題

次の設問に対して、あなたの考えを、そう思う理由なども含めて、英語で答えなさい。語数制限はありません。

What is your favorite subject?

解答 ■よく見られる解答例

My favorite subject is English. Because I have leaned English since I was child. I like English very much. And English can used my future. So, I should study English. It is very fun. I am exciting when I can understand English. But it is too difficult for me. So, I try to study English more. I want to go abroad. And I want to speak every country people.

（文法上の誤りはありますが、質問に対する答えが明確で理由も書かれています）

■悪い解答例

I like English. Because it is very fun and interesting. When I grow up, I want to go to England.

（質問に対する答えは明確ですが理由が少なく説得力がありません）

■よい解答例

My favorite subject is English. I think that English is an important language. If I can speak English well, I can talk with a lot of Americans and read many English books and watch TV in English. In addition, to study English is to know around the world. If I can know around the world, I can communicate with not only Americans but also other country's people. That's why I think English is important and I like English the best of all subjects.

（文法上の誤りも少なく、質問に対する答えが明確で理由も具体的で説得力があります。最後の一文で全体をまとめていることも評価できます）

お便りコーナー サクセス広場

眠れないとき、どうしてる?

私は眠れないときは**とてつもなく難しい本を読みます。** そうすると、なぜかだんだん眠くなってきます！ 意味がわからなくてつまらない本ならなんでもいいです。例えばお父さんの部屋から引っ張り出してきたビジネス書でもOKです。ぜひ試してみてください！
(中2・神威くんさん)

やっぱり好きなアーティストの曲をひたすら聞きます! そしたら知らず知らず夢のなかへ…！
(中2・ゆーこらぶさん)

とにかく**目をつぶって大きく深呼吸**します！ それでも無理なら…勉強しますね(笑)
(中2・クンカクンカさん)

英語の長文を読むようにしています。意味がわからないので勝手に眠くなります。バカでよかったと思える唯一の瞬間です。
(中2・マッツーさん)

深夜ラジオを聞きながら体操をしています。体操というよりはダンスに近いです。家族ももう寝ているので、なにも気にすることなく、ストレス発散にもなります。流れてくる曲に合わせて思いっきり身体を動かすと、すっきりした気持ちになってベッドに戻ったときに寝られます。
(中1・ハングリーさん)

あったらいいな!こんな自販機

本の自販機が近くにあったらわざわざ本屋まで行かなくていいのに、と思います。(中2・ホンサンさん)

もちろん、**あと100日足らずで始まる高校入試の問題!!** いまの自分にはこれさえあれば…なんてな。
(中3・T.Aさん)

焼き鳥が大好きなので、お金を入れたら3分後に焼きたての**焼き鳥が出てくる自販機**があったら最高です。砂肝最高！
(中2・ミート山本さん)

学校に**文房具の自販機**があったら忘れたときとか、便利です。
(中1・ぺんぺんさん)

焼きたてのホットケーキが出てくる自販機がほしい！ お金を入れたら自販機のなかで焼いてくれて、普通の自販機みたいに取り口に降ってくるんです。味も何種類かあって、シロップとバターもいっしょに出てくる。値段はお手頃200円くらい。流行ること間違いなしです！（中3・本当にホットさん）

これまでにした大きな忘れ物

このあいだ、なぜか学校に行くのに**カバン**を忘れました。やけに身軽だなと思っていたら、登校途中に友だちに言われて気が付きました。取りに戻ると遅刻するので、その日はそのまま登校しました。
(中2・バカーンさん)

家族でキャンプに行ったときに、帰ってくる途中でなんだか荷物が軽い気がすると思ったら**寝袋**を忘れて帰ってきてしまいました！ すぐキャンプ場の人に電話して後日郵送してもらいました。結構大きなものだったのにすっかり忘れて帰ってしまった自分はバカだなぁと思いました。
(中1・ピーコさん)

授業で着た**水着**を更衣室に忘れた。翌日取りに行ったら、洗濯済み。先生が洗ってくれていた。
(中3・琥珀さん)

部活の練習試合で**ユニフォーム**を忘れて、ぼくだけ出られませんでした。めっちゃ怒られたけど、公式戦じゃなくてホントよかったです。
(中2・テリーさん)

募集中のテーマ

「いままでで一番寒かったとき」

「私のストレス解消法!」

「冬になると食べたくなるもの」

応募〆切 2013年1月15日

必須記入事項

A／テーマ、その理由　B／住所　C／氏名
D／学年　E／ご意見、ご感想など

ハガキ、FAX、メールを下記までどしどしお寄せください!
住所・氏名は正しく書いてください!!
ペンネームは氏名のうしろに( )で書いてネ!
【例】サク山太郎(サクちゃん)

あて先

〒101-0047　東京都千代田区内神田2-4-2
グローバル教育出版　サクセス編集室
FAX:03-5939-6014　e-mail:success15@g-ap.com

ここにメールしてね!!

ケータイから上のQRコードを読み取り、メールすることもできます。

掲載されたかたには
抽選で図書カードをお届けします!

掲載にあたり一部文章を整理することもございます。個人情報については、図書カードのお届けにのみ使用し、その他の目的では使用いたしません。

サクセス イベント スケジュール

12月〜1月

世間で注目のイベントを紹介

イベント

東京ミチテラス2012

12月21日(金)〜28日(金)
東京・丸の内エリア
(東京駅丸の内駅舎前ほか)

©東京ミチテラス　※画像はイメージ

東京・丸の内が光に包まれる幻想的な世界

東京駅丸の内駅舎の復原完成のニュースは記憶に新しい。いま、注目を浴びているこの東京・丸の内エリアを舞台に、光をモチーフにした2つのプログラムで幻想的な夜が演出される。「TOKYO HIKARI VISION」では丸の内駅舎に最先端のプロジェクションマッピング投影技術を使った映像ショーが展開され、「STAR LIGHT WALK」では走馬灯により「光を浴びる」幻想的な空間を創出する。

アート

森と湖の国 フィンランド・デザイン

11月21日(水)〜 1月20日(日)
サントリー美術館

アルヴァル・アールト《アールトの花瓶 9750》1937年 カルフラ社製　個人蔵　撮影 ティモ・シルヤネン

美しい自然と風土に育まれたフィンランド・デザイン

機能性を重視しつつ、美しさを兼ね備えているフィンランドのガラスの数々。"timeless design product（時代を超えた製品）"をコンセプトに作られてきた生活用品は、暮らしに洗練されたデザイン性をもたらしている。こうしたフィンランド・デザインの魅力を、18世紀後半の黎明期から1930年代の躍進期、1950年代の黄金期、1960・70年代の転換期、そして現代にいたるまでにガラス作品を中心に紹介する。

歴史

江戸東京博物館 開館20周年記念特別展

尾張徳川家の至宝

1月2日(水)〜 2月24日(日)
江戸東京博物館

徳川家康画像（東照大現像）伝狩野探幽筆　江戸時代17世紀（1/2〜1/27展示）「徳川美術館所蔵」

「尾張徳川家の至宝展」の招待券を5組10名様にプレゼントします。応募方法は75ページを参照。

尾張徳川家の絢爛華麗な名品の数々

徳川家康の九男・義直を初代とする御三家筆頭の名門大名である尾張徳川家。徳川美術館に所蔵されている尾張徳川家ゆかりの太刀や鉄砲などの武具、茶の湯や香、能などの道具類、そして和歌や絵画、楽器など教養にかかわる品々など、大名家の歴史と格式を示す約230点を紹介する。

また、あわせて国宝「源氏物語絵巻」や「初音の調度」も期間限定で特別公開される。

アート

中ザワヒデキ展 脳で視るアート

12月8日(土)〜 2月17日(日)
武蔵野市立吉祥寺美術館

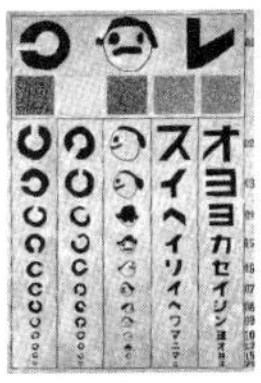

《シリョクヒョウ》1988年　松前公高氏蔵

視覚の意義を再認識させる脳に訴えかける作品

美術の根本を問い、新たな表現のかたちを提示し続ける現代美術家・中ザワヒデキ。この展覧会では、脳の知覚作用や視覚生理を切り口とした作品を中心に、中ザワが追究する方法理論に裏打ちされた、独自の現代アートの世界を紹介する。鑑賞における視覚の意義を強く再認識させるその作品の多くは、観る者の視覚を刺激し、さらに作用をおよぼす脳の内で紐解かれて初めて完成される。

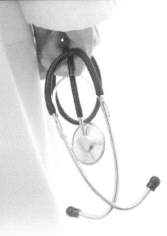

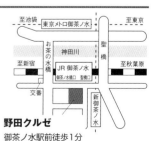

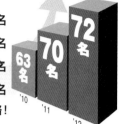

Success15 Back Number

2012 11月号

効果的に憶えるための9つのアドバイス

特色ある学校行事

SCHOOL EXPRESS 成城

Focus on 神奈川県立柏陽

2012 12月号

大学キャンパスツアー特集 憧れの大学を見に行こう！

高校生になったら留学しよう

SCHOOL EXPRESS 筑波大学附属駒場

Focus on 東京都立青山

2012 9月号

まだ間に合うぞ!! 本気の2学期!!

都県別運動部強豪校!!

SCHOOL EXPRESS 巣鴨

Focus on 千葉県立佐倉

2012 10月号

専門学科で深く学ぼう

数学オリンピックに挑戦!!

SCHOOL EXPRESS 日本大学第二

Focus on 東京都立両国

2012 7月号

高校入試の疑問点15

熱いぜ！ 体育祭！

SCHOOL EXPRESS 開智

Focus on 神奈川県立湘南

2012 8月号

夏にまとめて理科と社会

入試によく出る著者別読書案内

SCHOOL EXPRESS 國學院大學久我山

Focus on 東京都立西

2012 5月号

先輩に聞く 難関校合格のヒミツ!!

「学校クイズ」に挑戦!!

SCHOOL EXPRESS 筑波大学附属

Focus on 東京都立小山台

2012 6月号

難関校・公立校の入試問題分析2012

やる気がUPする文房具

SCHOOL EXPRESS 専修大学松戸

Focus on 埼玉県立川越

2012 3月号

いざっ！ 都の西北早稲田へ

勉強が楽しくなる雑学【理科編】

SCHOOL EXPRESS 豊島岡女子学園

Focus on 東京都立三田

2012 4月号

私立の雄 慶應を知ろう！

四字熟語・ことわざ・故事成語

SCHOOL EXPRESS 本郷

Focus on 千葉県立千葉東

2012 1月号

中3生向け冬休みの勉強法

東大生に聞く 入試直前の過ごし方

SCHOOL EXPRESS 法政大学

Focus on 神奈川県立多摩

2012 2月号

入試直前対策特集

受験生に贈る名言集

SCHOOL EXPRESS 春日部共栄

Focus on 千葉市立稲毛

これより前のバックナンバーはホームページでご覧いただけます（http://success.waseda-ac.net/）

サクセス15 バックナンバー 好評発売中!

How to order バックナンバーのお求めは

バックナンバーのご注文は電話・FAX・ホームページにてお受けしております。詳しくは84ページの「information」をご覧ください。

＜コーナー名＞

＜本文中記事＞

編集後記

今年も残すところあと半月になりました。クリスマスや年末に向けて心を躍らせる時期ですが、受験生にとってはなかなか落ち着かないときだと思います。まもなくやってくる冬休みは、受験前の最後の大きな休みになります。気を緩めずに1日1日を大切に過ごしましょう。

今月号の特集は、そんな受験生のみなさんを応援する内容となっています。みなさん合格お守りはもう持っていますか？　自分だけの特別なお守りを持っていればきっとやる気が湧いてきます。また、過去問活用術の特集では、知っていれば効果がアップするような過去問をやる際のコツを載せました。受験勉強のラストスパート、まだまだ貪欲にいきましょう。（N）

Information

『サクセス15』は全国の書店にてお買い求めいただけますが、万が一、書店店頭に見当たらない場合は、書店にてご注文いただくか、弊社販売部、もしくはホームページ（下記）よりご注文ください。送料弊社負担にてお送りします。

定期購読をご希望いただく場合も、上記と同様の方法でご連絡ください。

Opinion, Impression & etc

本誌をお読みになられてのご感想・ご意見・ご提言などがありましたら、ぜひ当編集室までお声をお寄せください。また、「こんな記事が読みたい」というご要望や、「こういうときはどうしたらいいの」といったご質問などもお待ちしております。今後の参考にさせていただきますので、よろしくお願いいたします。

サクセス編集室
TEL 03-5939-7928
FAX 03-5939-6014

高校受験ガイドブック2013[1] サクセス15

発行　2012年12月15日　初版第一刷発行
発行所　株式会社グローバル教育出版
〒101-0047 東京都千代田区内神田2-4-2
TEL　03-3253-5944
FAX　03-3253-5945
http://success.waseda-ac.net
e-mail　success15@g-ap.com
郵便振替　00130-3-779535
編集　サクセス編集室
編集協力　株式会社 早稲田アカデミー

Success15
1月号

Next Issue

2月号は…

Special 1

受験直前アドバイス

Special 2

2013年こんな年!

School Express

城北埼玉高等学校

Focus on

神奈川県立横浜緑ヶ丘高等学校

9784903577661

1926037008002

ISBN978-4-903577-66-1

C6037 ¥800E

定価：本体800円+税

グローバル教育出版